KB126374

귀농귀촌학교 교장선생님이 들려주는

귀농귀촌 이야기

자루
북스

들어가는 글

제가 귀농귀촌 교육을 시작한 지, 2020년 오늘로 꼭 9년째입니다. 귀농귀촌은 도시에서 농촌으로 삶의 터전을 옮기는 것을 말합니다. 귀농귀촌 교육을 시작한 초기에 사람들은 도시에서 농촌으로 이주하는 데 딱히 교육이 필요하다는 생각을 하지 않았습니다. 하지만 지금은 사정이 많이 달라졌습니다. 귀농귀촌을 준비하는 사람들은 제일 먼저 교육기관을 찾습니다. 익숙한 곳에서 낯선 곳으로 이주할 때에는 늘 위험이 따르기 마련입니다. 그러니 교육을 필요로 하는 게 당연해 보입니다. 다행히 우리는 학습과 준비를 통해서 그러한 위험을 줄일 수 있습니다.

우리 사회에서 귀농귀촌이 본격적으로 일어나기 시작한 것은 10여 년 전부터입니다. 2011년에는 귀농귀촌 인구가 만 명을 넘어섰습니다. 그 때는 베이비붐 세대의 은퇴가 시작되고, 우리나라뿐만 아니라 세계 전체가 경제 위기를 겪을 때였습니다. 이후 귀농귀촌 인구는 계속 증가하여 2018년에 귀농은 11,961 가구, 귀촌은 328,343 가구에 달했습니다.

우리가 처음 교육을 시작했을 때를 돌아보면 귀농귀촌의 흐름이 많이 변했다는 것을 알 수 있습니다. 특히 최근에는 도시에서 농촌으로 이동하는 인구 가운데 2030세대가 지속적으로 증가하고 있습니다. 눈에 띄는 것은 농업을 전업으로 하는 귀농 가구 수는 증가하지 않고 일정한 수를 유지하면서 안정화 추세에 들어갔다는 것입니다. 이는 귀농에 성공하기가 생각보다 쉽지 않고, 그러니 더욱 신중하게 생각한다는 의미입니다.

이러한 사실이 보여주는 것처럼 귀농은 쉬운 일이 아닙니다. 도시 사람들은 그 동안의 학습을 통하여 무모한 도전이 아니라 보다 안전한 경로를 찾는 지혜를 터득한 것으로 보입니다. 귀촌에 대한 인식도 많이 변했습니다. 최근에는 귀촌 생활을 하면서 영농을 겸업으로 하는 사례가 늘어나고 있습니다. 먼저 농촌 생활에 익숙해지면서 농업에 다가가는 것입니다.

귀농귀촌 인구 유입으로 말미암아 농업과 농촌 지역 또한 많은 변화를 겪고 있습니다. 예컨대 양봉을 비롯한 곤충산업이 축산업으로 분류되어 새로이 주목을 받고 있으며, 농막 같은 가설 건축물에 대한 법적 규정이 완화되기도 했습니다. 도시와 농촌의 교류 방식은 보다 현실적이고 세련된 방식으로 변해가고 있는 중입니다.

다행히 역(逆) 귀농 사례도 많이 줄어들었습니다. 역 귀농은 귀농에 실패해서 다시 도시로 돌아가는 것을 말합니다. 2014년부터 2019년에 걸친 '귀농귀촌 장기추적조사' 결과를 보면 역 귀농은 전체 조사 대상자 중 8.7%에 불과했습니다. 이 수치는 10여 년 전과 비교하면 엄청나게 줄어든 것입니다. 다행한 일이 아닐 수 없습니다. 물론 이러한 추세에도 어두운 구석은 있습니다. 귀농귀촌과 관련된 사기사건이 빈발하고 있다는 것입니다. 특히 정부의 융자 지원 정책과 관련하여 조심할 필요가 있습니다.

저는 2015년 10월 경에 서울에서 충북 괴산군으로 이주해서 농촌 생활을 하고 있습니다. 교육 기관을 운영하는 사람이니 당연히 정착에 성공했을까요? 부끄럽게도 아직은 잘 모르겠습니다. 다만 여전히 노력하고 있을 뿐입니다.

이 책은 제가 9년 동안 귀농귀촌교육 현장에 있으면서, 그리고 4년 남짓 농촌 생활을 하면서 직접 겪은 것, 앞에서 배우고 뒤에서 들은 바를 두서없이 기록한 것입니다.

도시를 떠나 농촌으로 가고자 하는 사람이라면 누구나 궁금한 것이 많을 것입니다. 우리 사회에 언제부터 귀농귀촌이 일어났는지, 다른 사람들도 나처럼 시골에 가서 살고 싶어 하는지, 우리는 왜 익숙한 도시를 떠나 굳이 낯선 농촌으로 가려고 하는지, 또 우리가 농촌에서 저마다의 꿈을 실현할 수 있을지 의문입니다.

뿐만 아닙니다. 지금 농촌을 지키고 있는 사람들은 도대체 어떤 사람들인지, 농촌으로 향하는 여정에서 우리를 위험에 빠트리는 것은 무엇인지, 그리고 무엇을 준비하고 무엇을 포기해야 하는지, 궁금한 것이 한둘이 아닙니다. 이 책이 그런 물음 들에 대한 답을 찾아가는 데 작은 보탬이 되었으면 좋겠습니다.

제가 몸담고 있는 귀농귀촌 교육기관은 사회적 기업인 <산지협동조합(대표 신은향)>이 운영하는 '산지귀농귀촌학교'입니다. 그러니 엄밀히 말하자면 이 책은 산지귀농귀촌학교에서 9년 동안 몸담았던 동료들이 함께 이룬 결과물입니다. 오래전에 충북 괴산으로 귀농해서 평생 동안 흙을 살리는 일에 매달린 흙살림 이태근 회장의 몫도 있습니다. 만약에 흙살림 농장이 없었다면 귀농생활을 하려는 생각도 못 했을 것입니다. 게다가 난잡한 원고를 읽고 고치고 순서를 정하고 마침내 책으로 만드는 일은 오로지 괴산 불정면 목도리로 귀촌한 자루출판사 대표 이영규 선생 몫이었습니다.

개인심리학의 창시자인 알프레드 아들러는 '인간은 오로지 사회적 맥락 속에서만 개인이 된다'고 했습니다. 사회는 혼자 사는 곳이 아닙니다. 우리가 가고자 하는 농촌사회는 더더욱 그렇습니다. 농촌은 더불어 살아가는 지혜를 깨우치는 조용한 학교 같은 곳입니다.

지금 이 순간에도 귀농귀촌을 소망하는 모든 분들에게 행운이 있기를 바랍니다

2020년 2월 23일
정우창

들어가는 글

차례

1장

귀농귀촌이란

통계로 읽는 귀농귀촌

　최근 10년 동안 도시에서 농촌으로 삶의 터전을 옮기는 귀농귀촌이 사회적인 현상으로 나타나면서, 정부는 해마다 그와 관련된 공식 통계를 발표하고 있다. 통계는 귀농귀촌을 준비하는 사람들이 올바른 판단을 하는 데 도움을 준다.

　귀농은 도시에서 농촌으로 이주하여 농업을 생업으로 삼는 것을 말한다. 통계에 따르면 2018년에 귀농한 가구는 11,961 가구로, 전년 대비 669 가구가 감소했다. 소폭이긴 하지만 귀농 가구가 감소한 것은 최근 10년 이래 처음 있는 일이다. 하지만 감소폭이 워낙 작아서 그것 자체가 어떤 변화를 의미한다고 볼 수는 없다. 시·도별로 보면 경북으로 2,176 가구, 전남으로 2,026 가구, 경남으로 1,510 가구가 이주한 것으로 나타났다. 귀농 인구가 경북과 전남으로 몰리는 이유는 무엇일까? 바로 농지 가격 때문이다. 경북 내륙지방과 전남은 아직까지 농지 가격이 다른 지역에 비해 저렴한 편이다. 특히 경북은 과수 작물과 특용 작물이 강세를 보이는 지역으로 농가 평균 소득이 전국에서 가장 높은 편에 속하는 곳이기도 하다.

　귀농 가구의 평균 가구원 수는 1.49명으로 전년보다 0.06명 낮게 나타났다. 평균 가구원 수가 2명이 안 된다는 것은 배우자가 함께 귀농하는 경우가 아직은 많지 않다는 의미이다. 가구주의 성별도 남성이 68.9%로 여성보다 월등히 높은 편이다. 가구주의 평균 연령은

54.4세로, 전체 귀농 인구 가운데 65.5%는 여전히 50~60대 연령층이 차지하고 있다. 이 수치로만 보면 베이비부머 세대가 귀농 인구의 주축을 이루고 있다는 사실을 알 수 있다. 하지만 우리의 관심을 끄는 것은 아직 적은 수이긴 하지만 30대 이하의 연령층도 점차 증가하고 있다는 것이다. 젊은 세대가 적은 농촌에서는 반길 일이 아닐 수 없다.

귀촌은 단순히 도시에서 농촌으로 이주하는 것을 말한다. 즉, 농업이나 어업을 생업으로 삼지 않고 주거지를 도시에서 농촌으로 옮기는 것이다. 2018년 현재 귀촌 가구 또한 귀농 가구와 마찬가지로 전년 대비 소폭 감소했다. 시·도별로 보면 경기 86,552 가구, 경남 39,594 가구, 경북 38,500 가구 순이다. 수도권과 인접한 경기도가 귀촌 지역으로 가장 인기가 높다. 이는 광역 단위 대도시 주변의 농촌을 선호하기 때문인 것으로 보인다.

가구주의 성별은 남자가 61.4%를 차지하며, 평균 연령은 44.9세이다. 연령별로는 30대가 24.9%, 20대 이하가 18.9%, 50대는 18.8%를 차지한다. 귀농과 달리 귀촌은 2030세대가 비교적 많은 편이다. 이는 대도시 집값이 점점 오르고, 취업에 대한 압박도 커지기 때문이다. 또 한가지, 귀촌 가구의 71.9%는 1인 가구다. 가구 구성 형태를 보면 귀촌 가구원으로만 구성된 단일 가구가 70.1%이며 농어촌지역 거주자와 함께 가구를 구성한 혼합 가구가 29.9%를 차지한다. 통계에서 보듯이 현재 귀촌 인구 수는 귀농 인구 수보다 월등히 많다. 따라서 정부나 지자체 입장에서도 기존의 귀농 중심 지원 정책에서 나아가 귀촌도 중시하는 방향으로 정책을 수립해야 할 것으로 보인다.

최근에는 귀농귀촌과 더불어 귀어(歸漁) 가구에 대한 통계도 내고 있다. 귀어는 도시에서 어촌으로 이주하되 어업을 생업으로 삼는 가구를 말한다. 2018년 통계에서 귀어 가구는 917가구로 전년보다 11가구 증가한 것으로 나타난다. 귀어 인구는 아직은 많지 않은 편이지만 귀어 가구 역시 증가하고 있음을 알 수 있다. 가구주의 성별을 보면 귀농과 마찬가지로 남자가 월등히 많은 70.9%를 차지한다. 귀어 가구의 평균 연령은 50.9세이며 74.9%가 1인 가구이다. 귀어 역시 가족 단위가 많지 않음을 알 수 있다. 가구 구성형태는 귀어 가구원으로만 구성된 단일 가구가 72.3%, 어촌지역 거주인 가구원과 함께 가구를 구성한 혼합 가구가 27.7% 이다.

귀어인의 89.7%는 해수면 어로 어업에 종사한다. 해수면 어로 어업이란 원근해 바다에서 물고기를 잡는 일을 말한다. 해수면 어로 어업 이외는 해수면 양식업(7.6%), 내수면 어로 어업(2.1%), 내수면 양식업(0.6%)에 종사하는 것으로 집계되었다. 해수면 양식업이란 해수면에 조성한 양식장에서 김, 전복, 미역, 멸치, 대구 등을 생산하는 것을 말한다. 내수면 어로 어업이란 강, 호수, 저수지 등 내륙의 수면에서 행하는 어로 어업을 말하며, 내수면 양식은 내륙에 조성한 양식장에서 예컨대 송어나 향어, 미꾸라지, 관상어 등을 생산하는 것을 말한다.

지금까지 살펴본 바에 따르면 중장년층 남자가 주로 귀농귀촌을 해 오던 추세에서 젊은층과 여성들도 귀농귀촌 대열에 합류하고 있는 것으로 보인다. 어쨌든 도시의 삶에 지치고 새로운 삶을 꿈꾸는 사람들이 시골로 모여들고 있는 것만은 분명하다.

이유 있는 귀농귀촌 현상

1. 베이비붐 세대의 인구 이동

　베이비붐 세대는 전후 세대, 즉 1955년부터 1963년 사이에 태어난 세대를 말한다. 그 세대에 속하는 인구수는 대략 720만 명이다. 그 가운데 의사, 변호사 같은 전문 직종 종사자와 자영업자, 주부, 실업자 등을 제외한 순수 임금 노동자는 300만 명을 약간 웃돈다. 이들 취업자 중에서 1955년생이 대기업 정년 기준 55세가 되던 해가 2010년이었다. 따라서 2010년은 베이비붐 세대가 은퇴를 시작한 첫 해가 되는 셈이다. 그 이후로 지금까지 매년 30만 명 정도의 베이비붐 세대가 직장에서 은퇴하여 사회로 복귀하고 있다.

　베이비붐 세대로 일컫는 대량 은퇴 세대의 출현은 역사상 처음 있는 일이다. 이는 다가오는 미래에 지대한 영향을 미치는 요인이 될 것이며, 바야흐로 우리 사회가 이전 사회와는 질적으로 다른 사회로 진화할 것이라는 것을 예감하게 한다.

　유래없는 귀농귀촌 또한 이들 세대의 은퇴와 맞물려 일어난 현상이다. 언젠가 우울한 기사 하나를 본 적이 있다. 그 기사에서 기자는 묻는다. "전 세계에 있는 맥도날드 점포는 대략 몇 개 쯤 될까요?" 답은 3만 2천 개 정도라고 한다. 맥도날드는 다국적 기업답게 점포 수도 어마어마하게 많다. 기자는 다시 묻는다. "그렇다면 우리나라

치킨 가게는 몇 개 쯤 될까요?" 놀랍게도 3만 7천 개 쯤 된다고 한다. 맥도날드가 보유한 전 세계 매장 수보다 더 많은 치킨집이 이 좁은 한반도 반쪽에 그것도 도시에 몰려 있는 것이다.

식당, 치킨가게, 편의점 같은 프랜차이즈 점포가 이렇게 증가하는 것은 무엇 때문일까? 바로 그곳에 매년 직장에서 쏟아져 나오는 베이비붐 세대 은퇴자들이 있기 때문이다. 지금 이 순간에도 그들은 소규모 영세 자영업에 뛰어들고 있다. 우리 사회에 은퇴 이후의 삶을 보장하는 사회적 안전 장치가 제대로 마련되어 있지 않다는 반증이다. 자영업 이외에는 다른 방도가 없는 것이다.

바로 여기에 베이비붐 세대 은퇴자들이 귀농귀촌이라는 새로운 돌파구를 생각하게 되는 이유가 있다. 귀농귀촌이야말로 제2의 인생에서 선택할 수 있는 매력적인 카드로 여겨지기 시작한 것이다. 2019년 현재, 전체 귀농귀촌 인구의 절반은 베이비붐 세대가 차지하고 있다. 이는 최근 10년 간 지속되고 있는 귀농귀촌의 주요 배경 중 하나이다.

2. 또 하나의 낯선 세계, 고령 사회

귀농귀촌 현상을 설명하는 또 하나의 배경은 바로 고령 사회다. 65세 이상 인구가 전체 인구의 14% 이상이 되면 고령 사회라 부른다. 2019년 현재 우리 사회는 이미 고령 사회에 진입해 있다.

고령 사회 다음 단계는 65세 이상의 인구가 전체 인구의 20%를 넘어서는 초고령 사회다. 초고령 사회 역시 바로 우리 목전에 있다. 60여 년 전인 1948년에 우리나라 인구 평균 수명은 46.8세였다. 하지만 2006년 기준으로 평균수명이 79.1세로 늘어났고, 지금은 80세를 훌쩍 넘는다. 사실 장수한다는 것은 축복이자 축하할 일이다.

하지만 우리는 고령 사회, 그리고 다가올 그 다음 사회를 낯설어하고 불안해하고 심지어는 두려워하기까지 한다. 이러한 고령화 문제와 귀농귀촌 사이에는 밀접한 연관 관계가 있다.

현재 우리 사회가 당면한 큰 문제는 저조한 출산율과 저성장 기조로 접어든 경제다. 통계에 따르면 1970년에는 신생아 수가 100만 명 가까이 되었는데, 2007년에는 49만여 명에 불과했다. 불과 한 세대만에 나라 전체의 출산율이 반 토막 난 것이다. 이후 상황은 더 나빠지고 있다. 2013년을 기준으로 우리나라 가임 여성 한 명당 합계 출산율은 1.19명이었는데, 이 수치는 우리와 비슷한 처지에 있는 대만 1.1명, 싱가포르 0.8명에 이어 세계 3위를 기록했다. 2019년 현재 출산율은 1.0명 이하다. 출산율이 낮아지면 생산가능 인구가 축소되고, 이는 곧 국민총생산 저하를 가져온다. 출산율 저하는 곧 경제 성장의 발목을 잡는다는 데 문제의 심각성이 있다. 노인은 늘어나는데 그들을 부양할 인구와 재원이 줄어드는 것이다.

농촌 사회 역시 고령화의 문제점을 고스란히 안고 있다. 더욱이 농촌의 고령화 속도는 도시를 훨씬 앞지른다. 농민이 고령화된다는 것은 농토가 더 이상 쓸모없어지고 마을이 사라질지도 모른다는 것을 의미한다. 출산율 저하 역시 도시에 비할 바가 아니다. 농촌에는 아이들이 귀하다. 이렇듯 우리 사회는 인구 고령화, 낮은 출산율, 저성장 경제 기조가 모두 동시에 진행되고 있고, 동일한 해답을 요구하고 있다.

이제 대다수의 사람들은 오래 살아야 하는 문제에 직면해 있다. 장수하는 삶이 반드시 축복이 아니라는 사실도 알고 있다. 바로 이때 귀농귀촌이라는 대안이 등장했다. 귀농귀촌은 늙고 활력을 잃어가는 농촌에 생기를 더하는 것과 동시에 도시에서 늙어가기보다는 농촌에서 새로운 삶을 꿈꿀 수 있는 기회가 된다. 고령화는 사람들이 농촌에서의 삶을 인생 제 2막의 현장으로 보기 시작하는 또 하나의 주요한 배경 가운데 하나이다.

3. 생태적인 삶, 그리고 느린 삶을 향한 열망

왜 귀농귀촌 하는가를 묻는 여러 조사에 따르면 농촌을 대안적 가치라는 관점에서 바라보는 사람들이 의외로 많다. 이들은 농촌을 생태적 가치를 가진 곳으로, 공동체 정신이 아직은 살아 있는 곳으로, 경쟁보다는 배려가 돋보이고, 성과보다는 과정의 행복을 중시하는 곳으로 여긴다. 즉, 느린 삶이 가능한 곳으로 이해하는 것이다. 생태적 가치를 중시하는 것은 편의성이나 당장의 이익보다는 자연환경을 훼손하지 않고 지키는 것이 중요하다는 생각에서 나온다.

사실 도시는 속성상 생태적이지 않다. 생산과 소비가 분리되고, 자연보다는 개발을 우선시 하는 곳이다. 이와 달리 공동체 정신은 인간만이 가지는 고유한 특성이다. 지금까지 인간은 공동체 정신이 있기 때문에 사회를 이루고 외부로부터 닥치는 위험과 재난에 대처할 수 있었을 뿐만 아니라 아름다운 문화를 꽃피울 수 있었다. 바로 그 공동체 정신의 원형이 살아 있는 곳이 농촌이다.

과정의 행복을 중시하는 느린 삶 역시 도시보다는 농촌에서 더 잘 이룰 수 있다. 느린 삶은 도시처럼 무한 경쟁에 매몰되지 않는 삶, 자기 자신에게 보다 충실한 삶, 이웃에 관심을 갖고 서로 배려하는 삶을 말한다. 느린 삶을 추구하는 경향은 주로 40대 이후 세대에게서 나타난다. 50대와 그 이전 세대가 농촌을 단지 은퇴해서 살기 좋은 곳으로 인식하는 것과는 다른 것이다.

농촌은 단순히 식량만 생산하는 곳이 아니다. 농촌은 자연환경을 보존하고 각종 경관 자원을 보유하고 있는 곳이다. 뿐만 아니라 아주 오랜 세월 동안 축적된 지식과 지혜, 문화의 보고이기도 하다. 지금 농촌으로 움직이는 사람들에게 중요한 것은 농촌이 새로운 가치를 지닌 곳이라는 믿음이다. 생태적인 삶, 공동체 정신을 본받는 삶, 그리고 느린 삶에 대한 욕구 자체가 최근 귀농귀촌 흐름의 주요 배경이 되고 있다.

과거에는 경제와 사회 전반의 문제를 국가와 기업이 주도했다. 하지만 지금은 정부와 기업의 주도로는 사회를 온전히 책임질 수 없다. 시민들의 역할이 점점 더 커지는 것이다. 실제로 우리 사회에서도 '제 3섹터', 즉 민관협동방식으로 운영되는 비영리 시민단체의 역할과 중요성이 더욱 커지고 있다. 경제를 몇몇 기업들이 전면적이고 주도적으로 이끌어가는 시대는 이미 지나간 것으로 보인다.

이같은 사회적 분위기는 우리 사회에 전통적인 협동조합, 사회적 기업, 마을기업 같은 사회적 경제 부문들이 계속 등장하는 것으로도 예측할 수 있다. 자동차, 주거, 사무실 등을 공유하는 이른바 '공유 경제'라는 개념도 우리 삶에 많은 변화를 가져올 것이다. 이 모든 것이 바로 '제 4섹터', 즉 '사회적 경제'로 나아가는 배경이 된다.

귀농귀촌은 이 모든 변화와 긴밀하게 연관된다. 귀농귀촌이 보다 활성화되고 지속적으로 전개된다면 도시와 농촌의 모습도 많이 달라질 것이다. 고도성장 시기의 도시, 이농으로 텅 비어버린 농촌은 이제 예전과는 다른 사회적 공간으로 바뀌고 있다.

공동체 정신은

인간만이 가지는

고유한 특성이다.

그리고

공동체 정신의 원형이

살아있는 곳이

바로

농촌이다.

일과 삶의 균형을 찾는다
- 워라밸

사람들에게 '왜 귀농귀촌을 하고 싶은가' 물으면 많은 사람들이 '자연이 좋아서', '쉬고 싶어서', '무언지는 모르겠지만 지금보다는 나은 삶을 살 것 같아서'와 같은 답을 한다. 이런 바람은 도시인들이 농촌으로 가는 가장 큰 이유일 것이다. 이를 반영한 신조어가 '워라밸(work-life balance)', 즉 일과 일상의 삶 사이에서 균형을 찾자는 것이다.

일이란 본래 빈틈 없는 스케줄 안에서 이루어지는 스스로 원하지 않는 노동이라는 속성을 갖는다. 그 안에는 눈에 보이지 않는 경쟁과 유무형의 압박이 존재하고, 성과에 대한 집착과 두려움을 동반한다.

일상의 삶은 그 반대편에 있는 것으로 보인다. 할 수만 있다면 자연의 시간과 생체 리듬에 맞춘 인생 스케줄 안에서 스스로 만족할 만큼의 노동을 하고, 경쟁보다는 협력과 연대를 유지하며 성과에 집착하지 않고 느긋하게 휴식을 할 수 있는 삶을 그리는 것이다. 일과 일상의 삶이 조화를 이루는 것은 어려울 수밖에 없다.

우리나라에도 최근 직업으로서의 일과 개인의 삶이라는 양립하는 개념이 주요한 이슈로 떠오르고 있다. 변화도 일어나고 있다. 정책적으로는 주 52시간 근로제가 도입되었고, 사회적으로는 노래방 같은 오락 시설보다 스포츠센터 같은 건강 관련 시설이 늘어나고 있다. 우리 사회의 워라밸 현상을 잘 보여주는 것이다. 노래방 문화는 조직에서 성과가 최우선의 가치로 여겨질 때 성행하던 문화이다. 그런데 직원 회식 같은 단체 문화가 점점 줄어드는 지금 노래방은 별로 인기가 없다. 실제로 노래방, 유흥주점 등의 증가 속도는 2011년을 정점으로 줄어들기 시작했고, 헬스 센터 등의 스포츠 시설이 그 자리를 채우고 있다.

공동의 성과를 중시하고 목표 달성을 최우선 과제로 여기는 문화는 베이비붐 세대를 중심으로 굳어져왔다. 그런데 지금 직업으로서의 일과 개인 생활의 균형을 중시하는 사회적 현상이 나타나는 것은 베이비붐 세대를 넘어 새로운 세대가 등장했다는 것을 보여 준다.

귀농귀촌은 일의 가치와 일상의 삶을 조화롭게 이룰 수 있는 좋은 기회가 된다. 최근 청년 세대가 농촌으로 이주하는 현상도 '워라밸'과 무관하지 않을 것이다. 2019년 귀농귀촌 현황 조사를 보니, 귀촌 인구는 50만을 넘어섰고, 특히 40세 이하로 규정하는 청년 세대와 여성 가구주는 계속 늘어나고 있다. 청년들은 도시가 아닌 농촌에서 노동의 가치와 삶의 질을 균형있게 이루기 위한 새로운 시도를 할 수 있을 것이다.

그리고 이러한 시도는 은퇴 세대에게도 의미가 있는 일로 다가온다. 일생 열심히 일했지만 은퇴 후에 시간적 여유가 생겨 둘러보니, 그 때는 주변에 사람이 없다. 일할 때 맺은 인간관계는 일이 끝나면 사라지기 마련이다. 본인이 주도한 인간관계가 아니기 때문이다. 은퇴세대들이 인생 2막을 열고자 한다면 무엇보다 자기주도적인 삶의 태도를 가져야 한다. 그것이 가능한 장소가 바로 농촌이다. 농촌에서는 스스로 이끌어가는 인간관계를 맺을 수 있고, 자발적으로 헌신하는 노동을 경험할 수 있다.

1장 귀농귀촌이란

청년세대와 귀농귀촌

최근 귀농에서 그 수가 증가하면서 가장 관심을 끄는 것은 청년 귀농이다. 필자가 몸담고 있는 <산지귀농귀촌학교>● 수강 신청자 중 청년 세대가 점점 증가하는 것만 보아도 그런 추세가 뚜렷하다. 2018년 통계를 보니 한 해 동안 40세 미만 청년들 5천여 명이 귀농 했다. 이는 결코 적은 숫자가 아니다.

도시에서 자라고 공부한 청년들이 농촌에 와서 농업에 종사하는 이유는 여러 가지다. 가장 많은 약 29%의 청년들은 농업에서 향후 비전과 발전 가능성을 보고 있다. 그 다음으로는 심화되는 취업난 속에서 일자리의 대안으로 여기는 것이다. 이 밖에도 농촌의 자연환 경, 경쟁 사회로부터의 탈출 등을 이유로 들었다. 중장년층이 가장 많은 귀농 이유로 드는 것이 자연 환경이라는 것과는 대조적이다. 청년 세대 귀농귀촌은 점점 활기를 띠면서 활성화되고 있는데, 젊은 사람 보기가 어려운 농촌 입장에서도 청년 귀농은 여간 반가운 게 아니다.

청년 귀농이 증가하는 것과 함께 정부와 지자체의 대응도 발빠르 게 이루어지고 있다. 청년 귀농은 농림축산식품부의 주요 정책 과제

● 산지귀농귀촌학교 : 농림축산식품부 공모 교육기관. 2012년부터 현재까지 저자가 교장을 맡아서 운영하는 귀농귀촌 교육기관으로 교육생들의 성공적인 귀농귀촌을 돕고 있다.

1장 귀농귀촌이란

(단위:%)

구 분		자연환경이 좋아서	농업의 비전 및 발전 가능성을 보고	가족 및 친지와 가까운 곳에서 살기 위해서	가업을 승계 하기 위해	도시생활에 회의를 느껴서
전 체		28.6	26.4	10.4	9.9	8.5
가구주 연령	30대 이하	13.2	46.3	6.4	12.1	8.2
	40대	15.2	39.0	7.1	13.1	9.3
	50·60대	34.3	20.4	11.6	8.8	8.6
	70대 이상	37.5	16.7	14.2	7.1	4.7

*2040세대는 5060세대에 비해 직업으로서 농업을 선택하는 경향이 크다.

일 뿐만 아니라 서울특별시를 비롯한 전국의 광역 자치단체에서도 청년 귀농 농업인을 육성하기 위한 적극적인 노력을 하고 있다.

최근 시행되고 있는 대표적인 사업은 농림축산식품부의 '청년창업농 영농정착 지원사업'이다. 이는 만 40세 이하 청년들에게 월 최대 100만원의 생활비를 3년 동안 지원하는 사업이다. 직불카드 형태로 지급되며, 영농자금 뿐만 아니라 식품이나 생필품 구입에도 사용할 수 있다. 이 제도는 영농 초기에 일정한 수입을 보장해 줌으로써 청년농부들이 보다 안정적으로 농촌에 정착하도록 돕는다.

'청년 귀농 장기교육' 프로그램도 있다. 농사가 가능한 일정한 교육 장소에서 6개월 동안 합숙을 하면서 농사를 짓는 전 과정을 배우게 된다. 농업에서 6개월은 한 해 농사에서 1년과 맞먹는 귀한 시간이다. 농사 지을 땅을 만들고, 작물을 키우고, 수확하는 일이 모두 그 6개월 동안 이루어지기 때문이다. 시기적으로 맞아떨어지면 수확한 작물이나 축산물을 직접 판매할 수도 있다. 청년 귀농 장기교육은 현재 전국 10여 개 운영 기관에서 100여 명의 청년들을 대상으로 이루어지고 있다. 관련 정보는 귀농귀촌종합센터 홈페이지 등을 통해 언제든 열람 가능하다.

서울시는 '지역상생종합계획'이라는 정책을 시행하고 있다. 서울 시민과 농촌 지역 주민이 상생할 수 있도록 돕는 프로그램이다. 여기에는 특히 귀농 청년 뿐만 아니라 농촌에서 새로운 기회를 찾고

[청년창업농 영농정착 지원사업]
다른 지원사업과 연계하여 건실한 경영체로 성장할 수 있도록 돕는 지원제도인데 영농 초기 소득이 불안정한 청년창업농을 돕는 목적이다.

신청자격
연령 : 만 18세 이상 40세 미만
영농경력 : 독립경영 3년 이하
병역 : 병역필 또는 병역면제자
거주지 : 사업신청 구역 실제거주자
겸업 : 공공기관 및 회사 상근 근로자 제외

지원금 지급 기준 및 방법
지원금액 : 1년차 100만원 / 2년차 90만원 / 3년차 80만원
지급기간 : 최장 3년
지급방법 : 직불카드 발급(영농자금, 일반 가계 자금으로 사용)
지급인원 : 농업경영체 당 1명

[청년 귀농 장기교육]
영농 경험이 부족한 청년층의 안정적인 농업·농촌 정착 지원을 위해 실습 중심으로 운영하는 장기 체류형 교육 과정

교육대상 : 40세 미만 귀농 희망 청년
교육일정 : 3월~10월 / 총 600시간
교육장소 : 전국 해당 교육운영기관
교육비 : 자부담 30%(168만원)
교육내용 : 농사 이론과 실습 중심 혜택(교육비 70% 지원)

자 하는 귀촌 희망 청년들을 육성하고 지원하는 계획도 포함되어 있다. 농촌이라고 농사만 짓는 것이 아니다. 다양한 분야에서 청년들이 기회를 찾도록 돕는 것 또한 매우 중요하다. 구체적으로는 농촌으로 이주하는 청년들을 연간 100명 씩 선정해서 단계별로 지원하는 것이다. 지원 대상으로 선정되는 개인이나 팀은 사업비로 연간 2천만 원부터 5천만 원을 지원받을 수 있다. 앞으로 2022년까지 연간 지원 규모를 200명으로 확대할 계획이다.

충청남도는 친환경 농사를 시작하는 청년 농부들을 집중 지원하는 프로그램을 운영하고 있다. 도와 민간기업인 모 대형마트가 공동으로 사업비를 조성하여 매년 친환경으로 농사를 짓는 청년 농부들을 선정하고 지원한다. 지원 대상으로 선정된 청년 농부들은 자신이 수확한 작물을 대형마트에 우선 납품할 기회를 얻는다. 농사를 짓는 것만큼 어떻게 팔 것인가에 대한 고민을 함께 해결할 수 있다는 점에서 의미가 있으며 민과 관이 협력하여 미래의 농민 자원을 계획적으로 확보할 수 있다는 점에서도 훌륭한 사례이다.

경상북도에서 운영하는 청년 농부 육성 제도인 '도시청년시골파견제' 또한 매우 참신하다. 수도권에는 청년들이 몰려 있고, 그와 함께 청년 실업난이 점점 커지고 있다. 반대로 농촌 인구는 점점 감소하고 고령화 등으로 청년을 기반으로 하는 일자리에 공백이 크다. 여기에 착안하여 도시 청년이 농촌에 와서 창업, 창직 활동을 할 수 있도록 지원하기 위해 시작된 사업이다. 만 39세 이하 도내 청년들을 대상으로 시행하던 사업을 확대하여 2019년부터는 전국 모든 청년이 지원할 수 있다. 청년 1인당 최대 3천만 원까지 2년 동안 지원받을 수 있다.

경쟁이 심한 도시나 청년이 부족한 농촌이나 청년 귀농은 반가운 일이 아닐 수 없다. 청년들 입장에서도 도시의 취업난에서 벗어나 창의적이고 진취적인 일에 도전할 기회를 얻을 수 있는 새로운 곳으로 가는 것은 의미 있는 일이다. 청년 농부를 키우는 일은 우리나라뿐만 아니라 다른 선진국에서도 매우 중요한 과제이다. 가까운 일본의 경우도 모든 지원 정책은 귀농이든 귀촌이든 청년이 농촌으로 이주하면 기본적인 생활이 가능하도록 설계되어 있다. 청년이라는 연령 기준 또한 50세 미만으로 규정하고 있다. 일본은 우리보다 20년 정도 먼저 농촌의 문제가 나타나기 시작했다. 일본을 통하여 우리 농촌의 미래를 엿볼 수도 있는 것이다.

우리도 일본처럼 보다 적극적인 정책이 필요하다. 무엇보다 청년으로 규정하는 나이가 현행 40세 미만이 아니라 50세 미만으로 확장되어야 하고, 청년들의 귀농이나 귀촌을 위한 지원 자금도 대폭 늘어나야 한다.

물론 문제도 생길 것이다. 앞에서 말한 '농업인영농정착지원사업'에 선정된 청년 일부가 지원금을 엉뚱한 곳에 전용하여 물의를 일으킨 적이 있다. 그렇다고 해서 지원 제도를 소극적으로 운용해서는 안 된다. 대다수의 많은 귀농귀촌 청년들에게 더욱 적극적인 지원이 이루어져야 오히려 제도의 부작용을 줄일 수 있다.

정부에서 귀농귀촌 청년들을 지원하는 정책은 당장의 득실을 따지기보다 장기간에 걸쳐 일관성 있게 추진할 필요가 있다. 물론 목표가 분명해야 한다. 그렇지않고 확신 없이 머뭇거리면서 정책을 세우면 손실만 있고 성과가 따라오지 않을 것이다. 청년 귀농귀촌은 정부에서 보다 정밀하고 긴 안목으로 지원 정책을 수립하는 것이 바람직하다.

가족농

　가족농은 농사를 지어서 나오는 소득으로 가계 지출 대부분을 충족하는 농가를 말한다. 일반적으로 소농, 자영농, 자급농이 이에 해당하는데 농사일을 하는 노동력이 가족 단위에서 벗어나지 않는다. 그 맞은편에 기업농이 있다. 말 그대로 대규모 영농을 말한다.

　소수의 혈연 관계로 구성되는 가족농은 전 세계에 약 5억 농가가 있다. 미국은 전체 농가의 97.3%, EU는 97.4%가 가족농으로 분류된다. 기업농은 3%에 불과하다. 우리나라의 경우도 마찬가지다. 가족농이 소유한 경지 규모는 대부분 1ha 미만이지만 전 세계 식량 생산의 75%를 담당하고 있다. 기업농이 식량 생산에서 차지하는 비중은 기껏해야 25% 정도라는 말이다. 그럼에도 불구하고 가족농은 최근까지 식량 생산의 주역으로 받아들여지지 못하고 오히려 가난으로 인한 사회 정책의 대상으로 인식되어 왔다. 하지만 최근에 와서는 가족농이 지역 경제를 지탱하며 식량 안보와 종의 다양성 보호 등에서 큰 기여를 하고 있다는 인식을 공유하게 되었다.

　UN은 2014년을 '세계가족농의해(International Year of Family Farming, IYFF-2014)'로 채택했다. 전 세계가 가족농과 소농이야말로 식량 안보와 빈곤 퇴치에 중요한 역할을 한다고 본 결과이다. 이에 따라 유엔식량농업기구(FAO)를 주축으로 각국 정부 기구, 국제 개발 관련 기구, 농업 관련 비정부기구(NGO)들이 공동으로 관련

사업을 전개하고 있다.●

가족농은 전 세계 식량 생산의 대부분을 담당하고 있으며, 경작지를 훼손하지 않고 지속가능한 농사의 기반을 만든다. 가족농의 특성상 여성과 고령자도 함께 어울려 일하기 때문에 일자리를 창출한다는 의미도 있다. 뿐만 아니라 식량 위기에 신속하게 대응하고 도시의 실직자에게 피난처를 제공할 수도 있다는 점에서 사회안전망의 역할도 하고 있다.

가족농이 지역의 생태계를 유지하고 환경을 보호하는 역할을 하는 것도 틀림이 없다. 다양한 생물종과 재래종을 육성하고 보호할 수 있기 때문이다. 가족농이 있기에 그 곳의 아름다운 자연 경관을 지킬 수 있는 것도 사실이다. 자연 경관은 그 가치를 측정하기 어렵다. 가족농은 경관을 넘어 농촌이 보유한 사회적, 역사적, 문화적 가치도 보호한다. 이 모든 것을 한 마디로 말할 수 있다. 가족농이 사라지면 그 마을의 사회적, 역사적, 문화적 가치도 함께 허공으로 사라질 것이다.

하지만 지금 농업의 뿌리인 가족농은 위기에 처해 있다. 다국적 독점 자본과 기업농이 세계 식품 산업을 지배하면서 우리 역시 기업농, 이른바 엘리트 농정에 초점을 맞춘 결과이다. 그 결과 지금 농촌은 숱한 문제를 안고 있다. '2018년 농가경제조사'에 의하면 경북의 경우 농가당 가구원 수가 2.1명에 불과하다. 불과 5~6년 전과 비교해도 현저히 감소했다. 농촌에서 아기 울음소리 듣기가 힘들어진

● '유럽연합(EU) 차원의 '성공적인 2014년 세계 가족농의 해를 위한 토론회'가 열렸다. 이 토론회에서 세계식량농업기구(FAO) 사무총장인 그라지아노 다 실바는 "가족농은 지역경제를 지탱함은 물론 기아 문제 해결과 식량 안보, 종의 다양성 보호, 자연 경관 보호에 큰 기여를 하고 있다. 따라서 가족농의 기능과 역할을 다시 정립해야 한다"고 말했다.

이유가 바로 가족농과 지역공동체 붕괴에 있다. UN이 전 세계 가족농의 기능과 역할을 다시 정립해야 한다고 강조하는 것도 이 때문이다. 가족농의 부활을 통하여 기아와 빈곤을 종식하고, 식량 안보 문제도 해결할 수 있다. 삶의 질을 개선하고 자연 자원을 관리하고 환경을 보전하는 데에도 가족농이 절대적으로 필요하다.

우리 농촌도 새로운 활력을 찾기 위해서는 가족농이 부활해야 한다. 귀농, 귀촌, 귀어가 무엇보다 중요해진 이유다. 도시민들이 지속적으로 농촌으로 간다면 자연스럽게 가족농이 늘어날 것이다. 가족농, 소농의 부활은 귀농, 귀촌, 귀어와 직접적으로 연관되어 있으며 매우 중요한 일이다.

산촌 귀농

  도시에서 농촌으로 이주하는 것은 크게 귀농, 귀어, 귀촌으로 나뉜다. 귀농은 우리가 보통 생각하는 농촌으로 가는 것, 귀어는 어촌으로 가는 것을 말한다. 그런데 요즘 '산촌 귀농'이라는 말이 자주 들린다. 산촌 귀농은 말 그대로 산촌으로 이주하여 농업에 종사하는 것이다. 산촌은 일반 농촌과 다른 환경을 가진 농촌이다. 영농 방식도 차이가 있다. 일반 농촌에서는 경종재배, 시설재배, 축산, 원예가 중심인데 산촌에서는 주로 특용작물을 키운다. 무엇보다 산촌은 겨울이 무척 길고 기온도 낮다. 그러니 산촌으로 가려고 하는 사람은 산촌의 특수한 환경에 대해서도 충분히 이해할 필요가 있다. 산촌 귀농에 대한 관심이 높아지는 것과 맞추어 《인생2막 산촌귀농 어때요》(김강중, 도서출판싱크스마트, 2019)가 출간되었다. 부제는 '건강과 일, 그리고 지속가능한 삶'이다. 인생 2막을 준비하는 중장년에게 산촌 귀농은 건강과 일, 그리고 지속 가능한 삶을 위하여 좋은 선택이라고 말하고 있다. 이 책에 따르면 산촌 귀농은 대략 다음과 같은 몇 가지 특징으로 정의할 수 있다.

  산촌 귀농은 산촌 지역으로 이주하는 것을 말한다. 우리나라는 전 국토의 64%가 산이다. 어딜 가나 산악 지역이 있고, 어디든 산촌 마을이 있다는 것이다. 산촌 귀농은 그 산촌 마을로 들어가는 것이다. 사람도 없고 편의시설도 부족한 산촌 마을로 가는 이유는 아마도 산과 숲이 주는 매력 때문일 것이다. 도시에 살면서도 많은 사람

43   1장 귀농귀촌이란

들이 산을 찾는 것과 비슷한 이유다. 산에서, 숲에서 특별한 무엇을 경험하는 것이다. 그것은 바로 건강에 대한 경험이다. 과학적 근거도 있어 보인다. 산은 피톤치드의 바다이며 풍부한 음이온의 세계이다. 거기에 아름다운 풍광과 그 속에서 들리는 다양한 소리들, 나무 사이로 흘러 들어오는 햇빛까지, 이 모든 것이 사람들에게는 치유 요인으로 작용하는 것이다. 아마도 사람들은 누구나 한 번쯤은 산촌 생활을 꿈 꿀 것이다.

산촌 귀농은 산촌으로 이주하여 산에 밭을 일구고 농사를 짓는 것을 말한다. 산양삼, 더덕, 곰취, 도라지, 버섯, 양봉 등 작목도 다양하다. 산지 영농은 일반 농촌의 노지 재배나 시설 재배와는 사뭇 다르다. 우선 산지에서는 관리기나 트랙터 같은 영농 기계를 이용할 수 없다. 그러니 거의 모든 일이 사람의 몫이다. 반면에 산지 농사는 영농 기간이 무척 짧다. 산악 지역은 봄이 더디 오고 겨울은 빨리 온다. 산을 오르내리며 사람 손으로 농사를 지어야 하니 여간 힘든 일이 아니지만 대신 영농 기간이 짧으니 쉬는 날이 많은 것이 바로 산지 농사이다.

《인생2막 산촌귀농 어때요》의 저자가 말하는 것처럼 산지 농사는 친환경 영농이 적합하다. 산은 건강의 상징이자 근본이다. 온갖 동식물이 어울려 살아가는 생태계의 보고이기도 하다. 그러니 거기서 키우는 작물에 화학 비료, 제초제, 화학 농약을 사용하는 것은 바람직하지 않다.

무엇보다 산촌 귀농은 지속 가능한 삶을 실현하는 좋은 방법이다. 물론 지속 가능한 삶이 도시냐 농촌이냐의 문제는 아니다. 다만 산촌귀농이 지속 가능한 삶을 실현하는 데 더욱 가까이 갈 수 있다는 것이다. 산촌 귀농이 건강을 지키면서 일을 하고, 이웃과 더불어 살아가는 삶으로 가는 좋은 길이 될 수 있다는 것만은 사실이다.

2장

준비 먼저, 실행은 그 다음

귀농귀촌, 교육이 중요한 이유

1. 우리는 농촌을 잘 모른다

대부분의 사람들은 농촌을 잘 안다고 생각한다. 고향이 농촌이라면 특히 그렇기도 하지만 도시에서 나고 자란 사람들도 뉴스, 드라마, 영화, 여행 등의 간접 체험이 농촌을 잘 안다고 생각하게 만들기도 한다. 그렇지만 현실은 그렇지 않다. 어린 시절의 경험이나 매체를 통한 간접 경험들은 오히려 농촌을 피상적으로 바라보게 만들고, 농촌의 현실을 잘못 이해하게 만들 수도 있다.

여행을 준비할 때 우리는 떠날 곳을 정하고 그 곳에 대한 정보를 모은다. 잘 곳과 먹을 곳을 찾고, 좀 더 기억에 남는 여행을 하기 위하여 이런저런 준비에 만전을 기한다. 무턱대고 떠나면 실패할 확률이 높다는 것을 우리는 잘 안다. 귀농귀촌은 말 그대로 도시를 떠나 농촌으로 삶의 터전을 옮기는 것이다. 오랜 여행을 준비하는 것이다. 그러니 신중하고 또 신중해야 한다. 가고자 하는 곳에 대하여 사전에 알아보고 여러가지 변수를 충분히 고려해야 한다. 물론 전부 알 수는 없다. 그렇지만 할 수 있는 만큼 최선을 다 하는 것은 꼭 필요하다. 귀농귀촌 교육이 중요한 이유이기도 하다.

그리고 무엇보다 중요한 것은 교육을 통하여 농촌에 대한 환상이나 편견을 갖지 않고 있는 그대로 바라보는 것이다. 농촌의 실제 모습은 어떤지, 농촌의 마을은 어떻게 돌아가는지, 농업은 도전할 만한지, 농촌에서 사람들과 어울려 살려면 어떤 소양을 갖추어야 하는지 같은 농촌 생활 전반에 대한 것을 미리 살펴보고 농촌으로 떠날 채비를 해야 한다.

2. 우리는 농업을 잘 모른다

사람들은 농촌을 잘 안다고 생각하는 것처럼 농업 역시 잘 안다고 생각한다. 농업은 땅을 일구고 작물을 키우고 수확을 하는 것이라고 쉽게 생각한다. 현재 도시에 살고 있는 사람들 중 많은 수가 농촌 출신이기 때문이기도 하지만 농사 자체를 단순한 노동이라고 생각하는 경우가 많기 때문일 것이다.

하지만 실제로 농업 현장에 한 발만 들여 놓으면 상황이 그렇지 않다는 것을 금새 알 수 있다. 평생을 농사만 지어온 농부들은 흔히 '농사는 하늘이 짓는 것'이라고 말한다. 인간의 근면성을 바탕으로 한 노동만으로는 제대로 농사를 지을 수 없다는 말이다. 농사는 인간의 노동에 더해 하늘과 땅, 자연의 어울림으로 이루어진다. 아주 오랜 시간의 경험과 노력이 없이는 농사의 깊은 속내를 알 수 없는 것이다. 그러니 농사를 처음 시작하는 입장에서 이런 복잡하고 추상적이기까지 한 농사에 대해 알고 시작할 수는 없더라도 최소한 기본적인 원리라도 배우고 익혀야 할 것이다. 또한 많은 경험자들을 만나 배울 수 있는 기회를 자주 가져야만 올바른 방향으로 농사를 지을 수 있다.

그 뿐만이 아니다. 지금의 농업은 예전과 많이 다르다. 농사에 과학과 첨단 기술이 적극적으로 개입하기 시작했기 때문이다. 토양과 기후를 분석하고 그에 맞는 작물을 선택하는 일부터 작물의 재배 환경에 IT기술을 접목해 자동화하고 재해를 방지하는 일까지 과학 기술을 배제하고 농사를 말할 수 없을 정도다. 농업은 이제 기존의 농사법을 넘어서 생명공학, 전자기술 등 첨단 과학 기술 분야와의 융합이 가장 활발히 일어나고 있는 분야 중 하나다. 이러한 변화가 너무 빨리 이루어지다 보니 평생 농사를 지어온 농부들도 해가 갈수록 생소한 기술과 시스템에 적응하기 힘들어 하고 있는 것도 사실이다.

이제 농사는 '할 일도 없는데 농사나 지을까' 같은 생각으로 시작할 수 있는 일이 아니다. 끊임없이 배우고 발전하려는 의지가 무엇보다 필요하며, 전문 지식과 기술을 확보하는 것이 무엇보다 중요하다. 그래서 교육이 필요한 것이다.

3. 우리는 농민을 잘 모른다

농촌의 주인공은 농민이다. 물론 농촌도 도시와 마찬가지로 다양한 직업을 가진 사람들이 사는 곳이긴 하다. 그렇다고 하더라도 실제로 농촌에 거주하는 주민들 대다수는 농민이다. 농부, 농업인, 농업경영인, 농가경영주 같이 불리는 이름도 여러 가지다. 농민이란 농촌이라는 생활 공간 속에서 농업을 직업으로 삼아 살아가는 사람들이다. 우리 나라 전체 인구의 약 5% 내외가 농민으로 분류되는데, 실제로 농업에 종사하는 인구는 5%가 채 되지 않는다. 게다가 고령화가 빠른 속도로 진행되어 2018년 현재 농가경영주 평균 연령은 65세 이상으로 조사되었다.

우리가 농촌으로 간다는 것은 농민들과 만나고 그들과 어울려 사는 것을 말한다. 귀농귀촌은 바로 이들 농민을 만나는 것에서 시작한다. 농민을 만나고 농민을 이해하고 농민이 되어가는 것이다. 바람이 있다면 농민들이 우리를 따뜻하게 맞아주었으면 하는 것이다. 귀농귀촌을 준비할 때, 농민이 되고자 할 때, 우리는 먼저 그 곳에서 살고 있는 농민들에 대하여 충분히 알고 먼저 다가가서 소통하는 방법부터 배워야 한다.

그리고 농민이 되어야 한다. 농민이 되기 위한 방법도 충분히 알고 숙지해야 한다. 그냥 농민이 되는 것이 아니다. 법적인 농민이 되고자 한다면 어떤 자격 요건을 구비해야 하는지, 어떤 절차를 거쳐야 하는지, 농민을 위한 지원 정책은 어떤 것이 있는지 충분히 알아야 한다. 귀농귀촌교육은 우리가 사전에 지역 현장의 농민을 만나서 대화하고 교류할 수 있는 기회를 만들고 제공할 것이다.

4. 지원과 혜택, 교육이 먼저다

정부와 지자체는 귀농귀촌 대상자들을 위한 여러 지원 정책을 시행하고 있다. 단, 정부가 인증하는 귀농귀촌 교육을 100시간 이상 수료한다는 조건이다. 그만큼 사전 교육을 중요시하고 있는 것이기도 하다. 이런 조건을 만족하면 주택 자금, 창업 자금 등의 지원을 받을 수 있다. 귀농귀촌을 위한 마중물로는 충분히 요긴하다. 그런데 정부 지원은 잘 활용하면 약이 되지만 잘못 쓰면 독이 되기도 한다. 교육을 통하여 충분히 알고 주의할 사항들을 숙지하여 정부 지원 제도를 충분히 활용할 수 있어야 한다.

귀농귀촌 탐색 단계에 있는 사람들을 위한 사전 교육비 지원도 받을 수 있다. 정부나 지자체가 주관하는 교육은 교육비의 80%에서

전액을 지원한다. 교육 이수 시간은 5년 동안 유효하기 때문에 미리미리 교육을 받아 놓는 것도 좋은 방법이다. 중앙 정부나 지자체의 지원은 모두 법적인 근거를 가진다. 세부 내용은 다시 한번 별도의 장에서 자세히 언급할 것이니, 교육이 지원의 선결 조건이라는 것을 기억하고 넘어가자.

5. 교육과정에서 인맥이 생긴다

인생은 배움의 연속이다. 부모, 형제, 친지, 이웃, 모두가 우리의 교사다. 이들로부터 말을 배우고 행동거지를 배우고 인간과 인간이 관계 맺는 법을 배운다. 나아가 또래들과 함께 학교에서 배우고, 일터에 나가서도 배운다. 심지어는 은퇴할 때에도, 은퇴를 해서도 계속 배워야 한다.

인간은 사회적 동물이다. 사회는 계속 변화하고 그러한 변화는 개인의 의지를 넘어서기 때문에 끊임없이 배우고 익혀서 사회에 적응하는 것이다. 우리에게 쓸모가 있었던 진리는 언젠가는 버려야 할 연장과 같은 것이다. 늘 새로운 연장에 대해 알고 배워야 하는 것이 바로 그 때문이다. 배우는 과정에서 많은 사람들과 교류하고 친구를 만들고 함께 일하는 방법을 알아간다.

귀농귀촌도 같은 이치다. 탐색하고 준비하는 단계에서도 실행 단계에서도 교육은 그칠 날이 없을 것이다. 그리고 그 과정에서 우리는 조언자를 만나고 새로운 친구를 만날 것이다. 귀농귀촌 교육의 중요한 역할은 내가 가진 물음에 답할 수 있는 사람을 만나는 것이다. 내가 물을 수 있는 사람을 만나는 기회의 장인 것이다.

물음의 핵심은 '나는 왜 농촌으로 가려고 하는가?'이다. 교육은 자신과 타인에게 끊임없이 묻고 답하는 과정이다. 이러한 과정을 통하여 스스로 농촌으로 가는 이유를 분명하게 알고 확신을 얻을 때에라야 비로소 농촌에서의 삶은 새로운 시작이 될 수 있을 것이다.

6. 아는 길도 물어간다

요즘은 스승보다 학생이 더 많은 지식을 보유할 수 있는 세상이다. 인터넷 등 각종 매체를 통하여 정보가 넘쳐나고 지식의 확산도 실시간으로 이루어진다. 부작용도 많다. 누군가의 말처럼 '무지한 것보다 너무 많이 알아서' 곤혹을 치를 수 있다. 귀농귀촌도 예외가 아니다. 정보가 넘쳐나는 만큼 판단은 더욱 어렵다. 자신과 가족의 삶 전체를 농촌이라는 낯선 곳으로 옮기는 일은 보통 일이 아니다. 그런 만큼 귀농귀촌에 대한 다양하고 변덕스러운 정보를 어떻게 받아들일 것인지 신중하게 생각해야 한다. 주거지를 옮기고 직업을 바꾸고 새로운 인간 관계를 만들고, 익숙하지 않는 환경과 낯선 생활 문화에 적응해 나가기 위해 올바른 정보를 제대로 습득해야 한다. 우리 속담에 '아는 길도 물어가라'는 말이 있다. 귀농귀촌을 위하여 교육이 반드시 필요한 이유이다.

교육은 우리가 주변에서 습득하는 갖가지 정보와 지식, 경험 등을 객관적으로 검증할 수 있도록 돕는다. 자신이 아는 것이 정답이라는 오류에 빠지지 않도록 잘못된 정보를 발견하고 수정하고 보완하는 기회를 갖는 것, 바로 교육을 받는 것이다.

현재 정부가 인증하는 귀농귀촌교육은 〈귀농귀어귀촌 활성화 및 지원에 관한 법률〉의 규정에 따라 정부와 지자체 해당 부서에서 진행된다. 그리고 개인의 교육 관련 정보와 자료, 이력 관리 등은 정부

공식 홈페이지나 행정전산망에 관리되고 있다. 우리가 사적으로 알게 되는 정보가 옳은지 그른지를 판단하는 데에도 교육은 중요한 역할을 한다.

2장 준비 먼저, 실행은 그 다음

귀농귀촌
사기 예방 주의보

귀농귀촌 교육은 지역이나 작목, 교육 수요자의 특수성 등에 따라서 교육기관마다 커리큘럼이 다르기 마련이다. 예를 들면 귀촌 교육은 구체적인 영농 교육이 필요하지 않고 귀농 교육은 축산, 과수, 시설원예, 딸기 등등 작목에 따라 커리큘럼이 다를 것이다. 단, 정부는 모든 교육기관에서 반드시 교육해야 하는 필수 과목을 지정하고 있다.

필수 과목은 두 과목인데 하나는 지역 선주민들과 겪을 수 있는 갈등을 이해하고 해소하는 방법에 관한 것이고, 다른 하나는 귀농귀촌과 관련한 사기 예방 교육이다. 분명 이유가 있다. 지역 선주민과 갈등을 빚으면 정착에 실패할 확률이 높다. 사기 사건에 휘말리는 것도 마찬가지다. 귀농귀촌과 관련해서 사기 사건이 빈발하는 것은 어제오늘 일이 아니다. 사기 유형도 고도로 발달했다.

교육이나 상담을 하다보면 가장 많이 듣는 말이 있다. "힘은 덜 들고 수익이 많은 작물 좀 가르쳐주세요." 이런 말은 사기를 업으로 삼는 사람이 가장 좋아하는 말이다. 그런데 중요한 것은 사기의 최종 목표가 이득을 얻는 것이니만큼 상대방에게 이득을 취할 만한 금전이나 재산이 있어야 한다. 바로 귀농귀촌과 관련된 정부 지원 자금이다.

귀농귀촌을 준비하는 사람들은 당장 돈이 없다고 하더라도 정부가 인증하는 교육이수 100시간 이상, 거주지 전입 신고, 농업경영체 등록과 같은 적법한 절차를 거치면 융자 지원 신청이 가능하다. 융자 지원은 주택과 창업 두 가지가 있는데, 이 둘을 합치면 최대 3억 원을 훌쩍 넘는 적지 않은 돈이다.

귀농귀촌을 준비하는 사람들 일부는 융자 지원도 받고 일은 적게 하면서 수익은 일정하게 보장 받기를 원한다. 귀농귀촌과 관련된 각종 사기 사건은 이러한 욕구를 공략하고 현혹시킨다. 그리고 마침내는 이들이 받게 되는 정부지원 융자금에 손을 뻗게 된다.

귀농귀촌 준비 과정에서 경험할 수 있는 대표적인 사기 유형에는 기획부동산이 있다. 기획부동산에서는 토지와 주택을 매우 싼 값에 분양한다는 거짓 정보를 제공한다. 게다가 분양 대금에 대한 우려도 말끔히 씻어준다. 이 때 그들이 제안하는 것이 정부 융자 지원 정책인데, 그들 말로는 분양 후 생계나 수익에 있어서도 크게 문제될 게 없다. 대개의 경우 토지 분양에는 버섯 재배 시설 같이 수익이 가능한 시설도 함께 포함되기 때문이다.

다음으로는 농촌에 가면 흔히 볼 수 있는 영농조합법인 등을 앞세우는 경우다. 영농조합법인은 현지 지역의 농민들이 공동으로 출자해서 만들 수 있는 평범한 법인이다. 그런데 이것이 대단한 조직이라도 되는 것처럼 법인을 설립하면 거액의 정부 지원금을 받을 수 있다, 위탁 운영으로 힘들이지 않고 수익을 낼 수 있다고 거짓 제안을 해서 금전을 편취하는 것이다.

묘목이나 종자를 이용하는 사기 수법도 있다. 개량 호두나무, 아로니아 묘목, 왕대추 등이 자주 등장한다. 최근에는 축산업으로 등록된 곤충산업이 관심을 끌면서 굼벵이, 귀뚜라미도 간혹 사기 현장에서 거론된다. 이 때도 역시 시설 자금 지원, 신규 창업 자금 지원 등이 주요 표적이다.

이 외에도 강아지나 고양이 등을 분양하는 사기 사건도 종종 볼 수 있다. 이런 유형은 반려동물 시장이 성장하면서 생겨난 것이다. 또 있다. 특용작물인 수경인삼 재배도 가끔 등장한다. 귀농귀촌을 준비하는 사람들 앞에는 많은 함정이 도사리고 있다.

귀농귀촌과 관련된 사기 사건은 알고 보면 수법이 비교적 단순하다. 도시 생활에 익숙한 사람들은 농촌이 낯설고 두렵다. 특히 영농에 대해서는 생각이 더 복잡해진다. 이 때 사람들은 좀 더 빠른 길, 보다 단순하고 안전한 방법을 찾는다. 바로 이 틈새를 노리는 것이다. 사기 범죄의 본질은 사기 대상자의 희망과 욕망을 교묘하게 이용하는 것이다. 따라서 사기를 피하는 가장 근본적인 방법은 겉보기에 편하고 쉬운 길을 포기하고, 다방면에 걸쳐 정확한 정보를 얻고 확인하는 과정을 선택하는 것이다.

현재 귀농귀촌과 관련된 모든 정보는 100% 공개되어 있다. 따라서 귀농귀촌을 준비하는 사람이라면 중앙 정부에서 공식적으로 운영하는 귀농귀촌종합센터, 각급 지자체 산하의 농업기술센터 귀농귀촌지원팀, 전국에 산재한 귀농귀촌 교육 기관 등이 제공하는 정보 외에는 그 어떤 정보나 제안도 의심하고 또 의심해야 한다. 누군가 당신에게 솔깃한 제안을 한다면 귀농귀촌종합센터에 문의하기 바란다. 센터에는 상담자가 상주하고 있다.

귀농귀촌 지원 정책
– 지원 제도와 지원금

농촌 사람들이 도시로 이주할 때 정부나 지자체는 아무런 도움을 주지 않는다. 하지만 도시 주민이 농촌 지역으로 이주하려고 한다면 다양한 형태의 지원을 한다. 당연해 보이는 이 상황은 농촌의 공동화 현상이 이제는 누구나 인식할 만큼 심각한 지경까지 왔다는 것을 보여 준다. 공동화란 말 그대로 마을이 텅 비는 것이고 사람이 살지 않는다는 것, 곧 소멸된다는 것이다. 그리고 다시 그 곳에 마을이 들어서는 것은 불가능에 가깝다.

농촌 마을에 가면 우선 농가와 농경지가 보인다. 저장 창고 같은 농업 시설물과 관공서도 있다. 자연 경관은 물론 꽃과 풀, 여러 작물 등 다양한 생명체가 살아가고 보존되고 있는 곳이기도 하다. 마을이 사라지면 이 모든 것이 한순간에 사라지는 것이다. 1970년만 하더라도 농촌 인구는 우리 나라 인구의 절반을 차지했다. 하지만 지금 농촌 인구는 5% 겨우 넘는 수준이다. 불과 반세기 만에 45%가 줄어든 것이다. 무조건 농촌 인구가 많아야 한다는 것은 아니다. 농촌을 기본적으로 유지할 수 있는 수준을 감안할 때 자칫 마을 전체가 지도에서 사라지는 날이 올 수도 있다는 것이다.●

....

● 농촌 지역 소멸과 관련해서 '마을소멸지수'라는 지표를 이용한다. 마을소멸지수는 한 마을에서 65세 이상 인구를 20세~39세 가임 여성 인구와 대비시킨 것이다. 최근 조사에서 가장 먼저 소멸되는 지표를 기록한 곳은 경북 의성군의 한 마을이다.

2장 준비 먼저, 실행은 그 다음

문제는 또 있다. 바로 농촌 인구의 고령화이다. 현재 농촌 인구 10명 가운데 6명은 60세가 넘는다. 70세 이상 인구도 해마다 큰 폭으로 늘어나고 있다.[●]

한마디로 지금 우리 농촌은 텅 비다시피 되었고, 살고 있는 주민 대부분은 고령이다. 도시민들의 귀농귀촌을 정부에서 적극적으로 권장하고 지원해야 하는 분명한 이유다. 이는 농촌이 비어가는 것을 막을 수 있을 뿐만 아니라 고령화도 지연시킬 수 있다. 이 때문에 현재 정부와 지자체는 법률에 의거하여 농촌으로 이주하는 도시민들을 적극적으로 지원하고 있다.

앞서도 말한 것처럼 귀농귀촌 지원은 '귀농어·귀촌 활성화 및 지원에 관한 법률'에 명시되어 있다.[●●] 각종 지원은 다양한 분야에서 이루어지고 있다. 교육, 홍보, 상담, 지역 안내, 주택자금 융자, 창업자금 융자, 현장 실습, 지역 체험, 귀농인 마을 조성 등이다. 지원 주체는 중앙 정부와 지자체인데 중앙 정부는 농림축산식품부와 해양수산부를 통해 지원한다. 지자체는 대부분의 경우 해당 지자체 소속 농업기술센터에 귀농귀촌을 지원하는 전담팀을 두고 있다. 필요와 관심이 있다면 귀농귀촌에 필요한 지원 정보를 쉽게 얻을 수 있

....

● '2018년 농림어업조사 결과' 발표에 따르면 농가 인구 분포는 70세 이상이 전체의 32.2%를 차지한다. 인구수로는 74만 5천 명으로 가장 많다. 전년 대비 2.0% 증가한 것이다. 반면 60대 이하는 모든 연령층에서 감소했다. 농촌에서 65세 이상 고령 인구 비율도 44.7%로 전년보다 2.2% 증가했다. 전국 고령 인구 비율 14.3%에 비해 무려 3배를 웃도는 수치이다. 농가 경영주 평균 연령도 67.7세로 전년보다 0.7세 올라갔는데 해마다 빠르게 높아지고 있다.

●● <귀농어·귀촌 활성화 및 지원에 관한 법률>은 2015년 제정되어 2019년 현재까지 개정을 거듭하고 있다. 다른 법률과 마찬가지로 이 법안 역시 귀농귀촌과 관련된 모든 것을 규정하고 있다. 귀농인, 귀촌인, 귀어인의 자격 정의에서부터 지원 정책의 법적 근거까지 모든 것을 포괄한다. 귀농귀촌을 준비하는 사람이든 이미 귀농한 사람이든 이 법안을 수시로 참고할 필요가 있다.

다. 물론 이러한 지원의 혜택은 정부와 지자체에서 인증하는 귀농귀촌 교육기관에서 100시간 이상 교육을 이수한 사람에게 주어진다. 귀농귀촌을 고려하고 있다면 제일 먼저 교육 프로그램 탐색부터 해야 한다.

귀농귀촌을 준비하는 사람들의 관심이 집중되어 있는 것은 아무래도 자금 지원일 것이다. 자금 지원은 원칙적으로 융자 지원이 기본이고, 주택과 창업 두 분야에만 적용된다. 주택은 정착 안정성을 보장하고, 창업은 일자리 확보와 농촌 경제 활성화에 기여하기 때문이다.

그런데 많은 사람들이 자금 지원과 관련하여 잘못된 생각을 가지고 있다. 예를 들면 도시에서 농촌으로 이주하는 것을 어떤 특권으로 여기는 것이다. 이런 사람들은 자금 지원이 원칙상 융자 지원인 것에 불만을 갖고 왜 신용이나 무상 지원이 아니냐고 불평을 하기도 한다. 그런 일은 정작 농촌에 살면서 농업에 종사하는 현지 농업인들에게도 존재하지 않는다. 하물며 도시에서 농촌으로 단지 주소지를 옮겼다고 무상 지원을 받을 수는 없다.

귀농귀촌 주택 자금과 창업 자금 융자는 연리 2% 내외로 적용된다. 현지 농업인들과 비슷한 수준이다. 반가운 것은 창업 자금의 경우 2019년부터 그 대상 범위가 농업을 목적으로 하지 않는 귀촌인으로 확대된 것이다. 농업에 종사하지 않더라도 전입신고를 하고 농촌으로 이주하여 1년 이상 거주한 사람에게 농업창업자금 대출이 가능해졌다.

융자 지원 자격 요건은 귀농귀촌 교육을 이수한 자로서 지역 연관 사업, 농업 관련 사업, 지역사회에 공헌하는 일을 하려는 자로 규정하고 있다. 주택 자금과 창업 자금 모두 해당 지역 심의를 거쳐 결정

된다. 심사에서는 교육 이수 실적과 지역 참여도가 매우 중요한 배점 기준이 된다.●

현재 우리 나라 농촌과 농업은 여러 지원 정책의 힘으로 명맥을 유지하고 있다. 우리 나라 농업이 산업으로서의 역할과 기능을 상실했다고 볼 수 있겠다. 실제로 국내총생산(GDP)에서 농업총생산액이 차지하는 비중은 2.3%에 불과하다. 일개 회사인 삼성전자의 한 분기 총생산액과 비슷한 수준이다. 안타깝게도 우리 농업은 경쟁력을 상실했고, 국가보조금이 없으면 지속하기 어렵게 되었다. 하지만 이런 비관적인 전망 속에서도 농업은 여전히 희망의 끈을 놓을 수 없는 분야이다. 농업은 국가의 존폐와 직결되는 절대 포기할 수 없는 산업이다. 자동차나 반도체 같은 산업들은 경쟁력이 없으면 다른 산업으로 대체할 수 있지만 농업은 그럴 수 없다.

현재 전 세계의 곡물자급률은 100%를 조금 웃돈다. 세계 모든 나라들이 과일과 채소는 몰라도 곡물은 자급자족한다는 말이다. 그런데 우리 나라의 경우 최근 3년 간 곡물자급률은 23% 내외이다. 과일과 채소는 물론 곡물마저 대부분 수입에 의존하고 있다.

식량은 안보의 문제이다. 곡물자급률이 낮다는 것은 식량 안보가 취약하다는 것을 뜻한다. 그러니 더욱더 지금의 지원 정책을 보다 정교하게 개발하여 실질적인 효과를 높여 나가야 한다.

● 귀농귀촌 관련 융자 지원은 해당 지역에서 선정하는 구성원으로 이루어진 심사위원회를 거쳐야 한다. 주로 지역 농업기술센터에서 대출 가부 등 사전 심의를 진행하고 최종 대출은 금융 기관인 농협에서 결정한다. 그리고 모든 융자 지원은 선지원이 아니라 사후 지원을 기본으로 한다. 주택 융자의 경우 먼저 본인 자금으로 집을 짓고 준공 검사 및 등기를 마친 다음 융자를 받을 수 있다. 여기서 지원이라고 하는 것은 금리를 지원한다는 뜻이다. 귀농인 금리를 현지 농업인 금리 수준으로 우대하는 것이 곧 지원의 핵심 사항이다. 특히 귀농귀촌 관련 자금과 관련해서는 기획부동산 사기 사건 같이 주의할 것들이 많다.

도시에서 농촌으로 이주하는 사람들이 이를 잘 활용하는 것도 중요하다. 사실 지원은 독이 될 수도 있고 약이 될 수도 있다. 효과적인 지원 정책을 판가름하는 것은 그것을 활용하는 사람의 문제이다. 그러니 귀농귀촌을 준비한다면 이러한 지원 정책들에 대해 자세하고 정확하게 이해한 후에 적절하게 활용할 수 있어야 한다.

2장 준비 먼저, 실행은 그 다음

도시와는 다른 농촌의 부동산

귀농귀촌을 계획하는 도시인들에게 부동산은 가장 어려운 문제다. 도시에서는 구하고자 하는 땅이나 건물을 찾고, 법적인 문제나 하자 여부도 대체로 서류상으로 확인이 가능하다. 그리고 거래를 하고자 한다면 부동산이나 인터넷중개서비스를 통하여 비교적 간단히 절차를 밟을 수 있다. 하지만 농촌은 문제가 다르다. 우선 관련 용어부터 낯설다. 대지나 임야, 생활근린시설 같은 말은 그런대로 알겠는데, 절대농지, 보전관리구역, 경계측량, 경계표시, 관정, 4미터 도로, 맹지, 무허가 주택, 지상권 매매 같은 용어를 이해하자면 머리가 복잡해진다. 땅을 살 때, 주택을 신축할 때도 드나들어야 하는 곳이 한둘이 아니다. 귀농귀촌 교육에 농촌의 부동산 강의가 반드시 포함되어야 하는 이유다. 농촌의 부동산은 알면 알수록 복잡해지기 일쑤다.

농촌에서 부동산을 구입하고자 한다면 명심해야 할 것이 '농촌은 도시와 다르다'는 것이다. 그러니 다른 시각으로 접근하고 공부도 해야 한다. 농촌의 부동산은 중개업소나 인터넷이 아니라 마을 주민에게서 정보를 얻어야 한다. 농촌의 땅은 밭 한 뙈기라도 모두 오랜 시간이 쌓여 있고 저마다의 사정을 갖고 있기 때문이다. 누가 일구는 어느 밭 한 귀퉁이는 누구네 땅이고, 경로당 앞으로 난 길에는 누구네 땅이 들어가 있고…….

농촌 마을은 도시처럼 계획 조성된 곳이 아니다. 오랜 세월이 지나면서 이웃끼리 합의하고 조정하여 길도 만들고 집터도 잡고 마을 회관도 지은 것이다. 서류상으로 확인할 수 있는 객관적인 정보만으로는 절대 농촌의 땅을 이해할 수 없다. 농촌의 땅을 알려면 주관적인 것, 역사적인 것을 알아야 한다.

얻으려고 하는 땅 주변을 잘 살피는 것도 매우 중요하다. 축사가 가까이 있다면 악취로 말미암아 전원 생활은 고역이 될 수도 있다. 고압 송전선이 있는지도 살펴야 한다. 강변이나 호수, 해변에서 너무 가깝거나 너무 깊은 산 속에 주거지를 마련하는 것도 좋지 않다. 물과 너무 가까이 있으면 습기에 시달릴 뿐만 아니라 모기와 날벌레 같은 곤충들의 습격도 만만치 않다.

주거지와 경작지는 가까울수록 좋다. '작물은 농부의 발자국 소리를 듣고 자란다'는 말처럼 작물도 가까에서 자주 들여다볼 수 있어야 애정이 각별해진다. 도로 여건도 잘 살펴야 한다. 전망이 좋은 곳은 대개 높은 곳에 있기 때문에 겨울에 눈이 온다면 생각이 달라질 것이다.

농촌 부동산은 가격을 매길 때에도 도시와는 다른 법칙이 적용된다. 도시에서는 부동산 가격이 동네 사람 외지 사람을 구분하지 않지만 농촌은 '우리끼리' 가격이 따로 있다. 외지 사람에게는 가격이 다르다는 말이다. 도시 사람으로서는 참 납득하기 어려운 일이다. 하지만 농촌을 좀 더 자세히 이해하면 그럴 수도 있겠다 싶어진다. 농촌 마을은 대부분 성씨가 같은 집성촌을 중심으로 형성되었기 때문에 주민들 사이 유대감이 남다르다. 모든 주민이 혈연을 중심으로 학연, 지연 속에 촘촘하게 얽혀 있다. 그러니 '우리'와 '저들'이 확연하게 구분되고 우리끼리는 '내부자 거래'로 낮은 가격에 땅을 사고

팔기도 한다. 농촌에서 땅을 구할 때는 해당 마을 주민, 그러니까 이장, 부녀회장, 마을 총무 같은 사람을 통하는 것이 가장 좋다. 그러면 최소한 사기를 당하거나 가격 면에서 낭패 볼 일은 줄일 수 있다.

무엇보다 농촌의 부동산을 거래할 때에는 각종 인허가 사항을 직접 확인해야 한다. 농촌은 도시와는 부동산의 상황이 많이 다르다. 토지, 건물, 도로는 물론 비닐하우스와 저온저장고, 별도의 보일러실 증축 같이 인허가를 받고 시공해야 하는 것들이 워낙 많다. 하지만 실제로는 인허가를 받지 않고 시공하여 사용하는 경우가 많다. 그러니 이런 것들을 하나하나 점검하고 결정하는 일이 쉬운 게 아니다. 하지만 반드시 관련 기관 등을 통하여 인허가를 받은 것인지 확인해 두어야 한다.

대표적인 것으로 토지와 대지의 등기 여부를 확인하는 것이다. 농촌에는 무허가 건물이 아주 많기 때문에 자칫 낭패를 볼 수 있다. 또한 해당 지역을 직접 방문해 보면 지적도와 실제 구획이 다른 경우가 허다하다. 때문에 경계 확정 방식에 대해서도 명확히 해 둘 필요가 있다. 도로가 확보되지 않는 맹지와 관련해서는 4미터 인입 도로와 교량 문제도 해결해야 한다. 이 밖에도 지상권 설정, 하천 부지 이용 여부, 관정 시공 등 헤아려야 할 것들이 한두 가지가 아니다.

농촌에서는 군청, 읍사무소와 면사무소 같은 지방자치기관의 인허가 관련 부서를 제 집 드나들듯 자주 방문하는 것이 좋다. 묻고 또 묻고 거듭 확인할수록 안전한 부동산 거래를 할 수 있다.

농촌 부동산과 관련해서는 귀농귀촌 전담 교육 기관의 도움을 받는 것도 좋은 방법이다. 모든 교육 기관이 그 동안의 많은 경험과 네트워크를 구축하고 있기 때문에 실제 부동산 거래와 관련한 구체적인 사례들도 찾아볼 수 있다. 실제로 귀농귀촌 교육 프로그램 가운데 가장 인기가 높은 것은 부동산에 관한 것이다. 부동산에 대한 이해는 곧 농촌 경제에 대한 이해이며 지역 주민의 사고방식을 이해하는 징검다리다. 무엇보다 부동산에 대한 도시인과 농촌주민 사이의 시각 차이를 이해하는 것은 농촌 부동산에 접근하는 가장 중요한 길이기도 하다.

2장 준비 먼저, 실행은 그 다음

좋은 땅을 바라보는 기준

농촌에서 땅을 사거나 집터를 고를 때 농부는 발밑을 먼저 보고, 도시 사람은 주변 경치를 먼저 본다. 특히 귀촌하는 사람들이 그렇다. 귀촌은 말 그대로 농사를 짓지 않으면서 도시에서 농촌으로 주소지를 옮기는 것이다.

농사를 짓지 않으면서 농촌에 와서 사는 이유는 다양하다. 은퇴 이후 자연과 가까이 살기 위해서, 아니면 건강상의 이유나 새로운 사업을 시작하려는 목적도 있다. 때문에 무엇보다 거주 여건을 매우 중요하게 여긴다. 아무래도 경치가 좋고, 게다가 집터까지 좋은 곳을 찾는 것이 당연해 보이기도 한다. 그렇지만 쉽지 않다. 아무리 시골이라 하더라도 그런 곳은 누군가가 살고 있기 마련이다. 최근 귀촌 인구가 폭발적으로 증가하면서 농촌의 땅값도 크게 들썩이고 있다. 특히 주택용 대지 비용은 해가 갈수록 큰 폭으로 상승하고 있다. 농촌 입장에서는 반가운 현상이겠지만 귀촌하려는 사람들에게는 달갑지 않은 일이다. 모두에게 좋은 일이란 본래 흔치 않은 법이다.

대체로 귀촌은 귀농에 비해 그 절차가 단순하다. 농지를 구할 필요가 없고, 그러니 농업경영체 등록이나 조합원 가입 같은 번거로운 일도 없다. 어떤 작물을 선택할지 고민할 이유도 없고, 소형굴삭기 교육을 받을 필요도 없다. 그렇지만 하기 어려운 일도 있다. 바로 그 곳 주민들과의 유대 관계를 만드는 일이다. 귀농은 아무래도 이웃 주민이나 마을 관계자, 관공서 공무원들, 농업기술센터나 농산물 품질관리원 같은 농업 유관기관 사람들을 수시로 만나야 한다. 연장 하나를 빌리더라도 이웃과 잘 지내야 하고, 퇴비 한 포대를 사더라도 농협 창고를 통해야 싸게 살 수 있다. 농사는 혼자서는 할 수 없는 일, 싫든 좋든 이웃을 만나고 부대끼며 함께 살아야 한다. 귀촌은 농사를 짓지 않으니 이런 일들이 필요하지 않다. 그러니 동네 주민과 만날 일이 그만큼 적다. 노력하지 않으면 주민들과 끈끈한 유대 관계를 만들기가 쉽지 않은 것이다. 그러니 귀촌한 사람들끼리 어울리는 경향이 있다. 물론 귀촌한 사람들끼리 잘 지내는 것도 좋지만 자기들끼리만 어울리는 것은 좋아 보이지 않는다. 농촌의 문화는 어울려 사는 것에서 나온다.

도시에서는 어울려 산다는 것이 생소할 지 모르지만 농촌은 서로가 서로에게 영향을 주고받는 관계 속에서 살아가는 곳이다. 어버이날이 되면 마을 사람들이 어르신들을 모시고 축하하는 자리를 만든다. 초복에도 어르신들에게 삼계탕을 끓여 대접하며 건강을 축원한다. 한 해 마지막 주간에는 모든 마을이 대동계를 여는데 함께 모여서 이장도 뽑고 마을의 한 해 살림을 결산하기도 한다. 이 모든 일이 농촌에서는 수백년 전부터 해 오던 너무나 자연스럽고도 당연한 일이다. 이럴 때 외지에서 새로 들어온 사람들도 참석하고, 막걸리나 찬조금 봉투를 전한다면 좋은 이웃이 되고 싶다는 마음을 전하는 기회가 될 것이다.

귀농하는 사람이 땅을 사거나 집터를 고를 때는 발밑에 땅을 바라보고, 재배할 작물에 적합한지, 볕은 잘 들고 물은 잘 빠지는지를 살펴야 한다. 귀촌하는 사람은 주변 경치가 아니라 마을 사람들과 잘 어울려 살 수 있는지 살펴야 한다. 사실, 경치 좋은 곳이 우리

를 기다리고 있지도 않다. 경치 좋고 외진 곳에 살면서 마을과 소통
하지 못 하면 좋은 땅도 제 구실을 못 하게 된다. 바로 내가 사는 곳,
마을과 어울려 소통하고 사이좋게 사는 곳, 그 곳이 바로 좋은 땅이
고 경치 좋은 땅이다.

2장 준비 먼저, 실행은 그 다음

그 많던 빈 집은 어디로 갔을까

　귀농귀촌을 준비하는 사람들에게 집이나 토지에 관해서 하는 조언은 매입하기 전에 일정 기간 임대해서 살아보라는 것이다. 지자체 홈페이지에도 빈집 정보를 공유하고 있다. 이주하고 싶은 마을에서 빈집을 임대하여 일정 기간 실제로 살아보면 살기에 적합한지 판단할 수 있고 시행착오를 줄일 수 있을 것이다. 그런데 막상 빈집을 찾다보면 다들 맥이 빠진다. 빈집은 많은 것 같은데 쉽게 구할 수가 없는 것이다.

　가장 큰 이유는 빈집 소유주가 낯선 사람에게는 좀처럼 집을 내주지 않는다는 것이다. 그리고 도시 사람이라고 하면 마을 사람끼리의 시세가 아닌 훨씬 비싼 가격을 부르기도 한다. 그러니 지자체 홈페이지에 올라온 정보들은 열이면 열 의심쩍기만 하다. 사실 집이란 사람이 살지 않으면 망가지고 결국 폐가가 되고 만다. 농촌 입장에서도 마을 한복판에 폐가가 늘어나는 것이 좋을 리가 없다. 농촌의 빈집이 귀촌하여 정착하려는 사람들을 새 주인으로 맞는다면 농촌 마을과 이주민 모두에게 이익이 될 텐데 현실은 그렇지 않다.

　농촌에서 빈 집 구하기가 어려운 가장 큰 이유는 집에 대한 생각이 도시 사람들과 근본 개념부터 다르다는 것이다. 도시에서 집은 거주 공간 이상의 의미를 갖기 어렵다. 굳이 의미를 부여하자면 투자의 대상, 부의 척도 정도일 것이다. 무엇보다 도시에서는 집이 마을의 일부라는 생각을 하지 못한다. 그리고 언제든 새로운 곳으로 이동할 수 있다. 하지만 농촌은 다르다. 농촌에서 집은 거주하는 공간이자 일터이고 그 마을의 한 부분이다. 농촌 주민들은 대부분 한 곳에서 붙박이로 살아왔다. 설령 집을 비워 그대로 방치하더라도 모르는 사람한테 빌려주기는 싫은 것이다. 임대료 수익보다 중요한 것을 잃고 싶지 않은 마음이다. 농촌에서는 자기 집을 아무한테나 빌려주지 않는다는 것을 알아야 한다.

농촌에서 빈 집 구하기가 어려운 또 하나의 이유는 수리비 때문이다. 농촌에서 흔히 볼 수 있는 빈집들은 대부분 오래된 농가들이다. 일단 사람이 들어가서 다시 살려면 수리해야 할 게 한두 가지가아니다. 그러니 그 비용이 만만치가 않다. 빈집을 고쳐 살고자 하는 귀농귀촌 대상자에게는 해당 지자체에서 200~500만원 정도의 수리 비용을 지급한다. 하지만 이 정도로는 낡은 농가주택 수리에 실제로 발생하는 비용을 충당하기 어렵다. 빈집을 어렵게 구해도 만만찮은 수리비 때문에 실제로 임대하기까지는 어려움이 많다. 이렇게 농촌에서 빈집 구하기는 쉬운 일이 아니다.

하지만 해법이 아주 없는 것은 아니다. 농촌 주민들이 집을 빌려주지 않으려고 하는 가장 큰 이유가 모르는 사람이기 때문이라고 했다. 답이 나왔다. 자신을 집주인이 아는 사람으로 만들면 된다. 그러려면 우선 마을 사람들과 친해지고 나를 알리는 것이 먼저다. 이장이나 부녀회장처럼 마을 소식통과 친분을 쌓는 것도 좋은 방법이다. 이렇게 마을 사람들과 익숙해지는 과정을 통해서 실제로 구할 수 있는 빈집 정보도 생기고 어느 정도 수준에서 수리를 하면 될지도 알아볼 수 있다. 거듭 말하지만 농촌에서 빈집을 구하려고 할 때 인터넷이나 부동산은 아무런 도움이 되지 않는다. 중요한 것은 마을 사람들과의 인간관계다. 농촌 사람들은 '나'라는 한 개인을 '마을'이라는 공동체 속 다수의 개인과 동일시한다. 이것은 오랜 시간 동안 형성된 공동체 의식이다. 귀농귀촌을 한다는 것은 바로 그 공동체 속으로 들어가는 것이다. 하루아침에 이루어지는 것이 아니다. 노력하지 않는다면 빈집 구하는 것이 영 어려울 수도 있다.

개인적 노력을 다 해도 어려움이 있다. 농촌에 빈집은 늘고 있는데 수요자는 접근이 어렵다. 개인의 노력 만큼이나 정부와 지자체가 해결해야 할 일이 있다. 농촌으로 이주하려는 도시민을 보다 적극적으로 유치하기 위해서라도 이러한 빈집 문제를 보다 적극적으로 해결해야 한다.

이를테면 농촌의 유휴시설을 활용하여 귀농귀촌 예정자에게 임대함으로써 마을에 새로운 활력을 불어넣을 수 있다. 농협의 경우 올해부터 농협 소유 시설물을 민간, 특히 귀농귀촌 예정자에게 임대하는 시범 사업을 하고 있다. 단, 자격 요건이나 활용 방안 같은 것들을 현실화하여 보다 많은 대상자들이 지원하고 찾아올 수 있는 기회를 만드는 것이 중요하다. 농촌의 빈집 문제를 어떻게 해결하느냐 하는 과제는 농촌 활성화라는 면에서 매우 중요하다.

모든 지원은 농부가 되고 나서
– 법적인 농부가 되려면

귀농 교육을 받으면서 교육생들은 농지원부, 농업경영체라는 말을 수도 없이 듣는다. 농지원부를 받아서 농업경영체 등록을 마치면 명실상부한 법적 농부가 되기 때문이다. 법적으로 농부가 되는 것은 중요하다. 법적인 농민은 국가가 법률로 규정한 각종 의무와 권리, 지원을 받는 주체가 된다.

법적인 농부가 되기 위해서는 우선 농지원부를 받아야 한다. 농지원부는 농지 소유 여부를 확인하는 것이 아니라 실제로 경작하는지를 확인하는 서류다. 땅을 다른 사람에게 빌려주었다면 주인이라도 농지원부를 신청할 수 없다. 농지원부 받는 게 불가능하면 농업경영체 등록도 불가능하고 법적인 농부가 되는 길도 막힌다.

농지원부는 1,000m²(약 300평) 이상의 경작지에서 농사를 짓고 있거나 330m² 이상의 고정식 온실 등 농업용 시설을 통해 농축산물을 생산하는 개인이나 법인이라면 신청할 수 있다. 농지원부를 발급받고 나면 농업경영체 등록 신청을 할 수 있다. 농지원부와 함께 등기부등본이나 토지대장, 경작확인서를 국립농산물품질관리원에 제출하면 농업경영체 등록 신청이 된다. 중요한 것은 경작확인서다. 실제로 경작하고 있다는 사실을 확인하는 것인데 마을 이장의 확인 도장을 받아야 한다. 이장의 확인이 어렵다면 마을 주민 2명 이상이 확인을 해 주어야 한다. 주민과 잘 지내는 것이 중요하다는 것을 실감하는 순간이다. 경작확인서를 받지 못하면 농업경영체 등록을 할 수 없고, 농업경영체 등록을 하지 못하면 법률이 규정하는 농민이 될 수 없다. 법적인 농부가 될 수 없다면 법적인 지원을 받는 것도 불가능하다. 다시 말하지만 법적인 농부가 되려면 그 마을 주민의 협조가 반드시 필요하다. 농업경영체 정보는 매년 직불금 신청 전까지 갱신해야 한다.

농업경영체 등록을 마치고 법적인 농부가 되면 무엇보다 직불금을 신청할 수 있는 자격이 생긴다. 직불금이란 농사를 지으면서 환경적 요인으로 피해를 입을 경우 국가가 보상하는 자금이다. 제도 변화, 기후 변화, 농산물 가격 변화, 수입개방 등이 환경적 요인에 속한다. 예를 들면 'FTA피해보전직불금'이 있다. FTA(자유무역협정)에 따른 수입개방에 의해 필연적으로 피해 농가가 생긴다. 정부가 이들 피해 농가에 보상할 의무가 있는데 직불금이라는 형식을 통해서 이루어진다. 직불금의 종류는 고정직불금, 변동직불금, 쌀직불금, 밭작물직불금 등 매우 다양하다. 그리고 언제든 새로운 직불금이 생길 수 있다. 직불금은 농사를 짓는 사람들의 피해를 보전해 주는 것을 목적으로 하기 때문에 농지원부, 농업경영체 등록을 마친 실질적인 농부들에게 지원되는 것은 당연하다.

법적인 농부가 되고 나면 농협, 임협, 축협 등 조합의 정회원 자격도 생긴다. 정식 조합원이 된다는 것은 농민으로서의 다양한 지원과 혜택이 늘어난다는 것을 의미한다. 조합 의결권과 선거권, 피선거권을 가진다는 것과 함께 농산물 재배에서 판매까지 다양한 지원과 혜택을 받을 수 있다. 저온저장고를 장만할 때나 퇴비를 살 때, 농기계에 들어가는 유류를 구입할 때, 농산물을 출하할 때, 농기계를 살

때에도 정회원 자격의 조합원은 일정한 기준의 지원금을 받을 수 있다. 이 외에도 법적인 농부는 농지를 매매할 때 양도세와 취득세 감면 등의 세제 혜택을 받을 수 있으며, 국민연금과 건강보험료 같은 각종 사회보장 서비스에서도 일정한 지원을 받을 수 있다.

2장 준비 먼저, 실행은 그 다음

다시 보는
계란 살충제 사건

2017년 8월, 한여름에 도시 소비자들을 경악시킨 사건이 있었다. 모든 가정에서 일상적으로 섭취하는 계란에서 살충제가 검출된 것이다. 시중에 유통되는 계란에서 검출된 살충제 성분은 피프로닐, 비페트린, 플루페녹수론, 에톡사졸, 피리다벤, 디클로로디페닐트리클로로에탄이라는 성분들이다. 이름만 들어서는 어떤 해를 끼치는지 알 수가 없다.

다만 소비자들은 언론을 통해서 피프로닐이 바퀴벌레를 퇴치하는데 주로 쓰이는 약품이고, 디클로로디페닐트리클로로에탄이 맹독성 물질이라는 것을 비로소 알게 된다. 그리고 이런 살충제 성분을 섭취하게 되면 간, 갑상선, 신장 등에 장애를 일으키고, 빈혈과 체중 감소, 암을 유발할 가능성까지 있다는 점 등을 알게 되면서 놀라움을 넘어 두려움에 휩싸이게 된다.

특히 계란은 어린이와 노약자들이 날마다 먹는 식품이라는 사실이 소비자들의 불안을 증폭시켰다. 이로써 우리 나라 모든 대형마트에서 국내산 계란 판매가 중단되고, 미국에서 수입한 계란이 그 자리를 채우는 초유의 일을 경험하게 되었다. 그리고 시간이 좀 흐른 뒤에 소비자들은 왜 그런 황당한 사태가 벌어졌는지도 알게 되었다.

아주 오래 전부터 우리가 가축으로 키우는 닭은 고마운 동물이다. 닭은, 계란이라는 완전 식품을 제공하고 인간이 먹다 남은 음식 잔여물을 맛있게 먹어치운다. 다 자란 다음에는 훌륭한 음식의 재료로 쓰이기도 한다. 닭이라는 놈은 사람과 마찬가지로 몇 가지 조건만 충족하면 꽤 오래 산다. 닭은 하루에 1.7km 정도 걷고, 진딧물 등의 병충해로부터 자신을 보호하기 위해 흙이나 모래로 가끔 목욕도 하며, 매일 일정한 시간 동안 숙면을 취한다. 그것이 삶의 기본 조건이다. 이렇게 사는 암탉은 예외 없이 평균 25시간마다 알을 하나씩 낳으며 자연 상태에서의 수명은 25년에 달한다.

그런데 '케이지(Cage)' 사육이라 불리는 현재의 양계 시스템은 대량으로 사육하고 대량으로 알을 뽑아내는 것을 기본으로 한다. 여기서 사는 닭은 케이지라는 좁은 공간 속에서 일생을 보내게 되는 것이다. 그러니 하루 1.7km는 고사하고 평생 1m도 걷지 못한다. 병충해 퇴치를 위한 목욕은 살충제 살포로 대신한다. 바로 이것이 계란에서 살충제가 검출된 이유이다.

케이지에서 사는 닭은 잠도 자지 않는다. 양계 축사는 밤낮 가리지 않고 빛으로 둘러싸여 있다. 케이지에서 사육되는 닭은 걸을 수도, 목욕을 할 수도, 충분히 잘 수도 없다. 알은 자연적인 교미에 의한 수정을 통해서가 아니라 산란촉진제 같은 호르몬제를 통해서 생산된다. 우리가 무정란이라고 부르는 것이 바로 그것이다. 따라서 공장 혹은 기업축산 방식으로 사육되고 알을 생산하는 닭이 건강할 리가 없다. 현재의 양계 시스템을 그대로 유지한다면 언제든 제2의 계란 살충제 사건이 발생할 수 있다. 살충제 사건 이후 소비자들은 비로소 동물복지, 무항생제 사육, 기업축산, 케이지 사육, GMO 사료 같은 용어들을 이해하게 되었다.

동물복지란 가축으로 사육되는 동물이 최소한의 활동 공간 안에서 자유를 누리며 동물의 본성에 맞게 살 수 있는 환경을 만드는 것이다. 닭이라면 일정 공간 속에서 걷고, 흙으로 목욕하고, 잠을 충분히 잘 수 있도록 배려하는 것이다. 항생제는 케이지 같은 가축의 밀집사육에서는 피할 수가 없다. 과도한 밀집

사육을 피한다면 무항생제 사육이 가능할 것이다. 인공 호르몬제는 산란촉진, 산유량 증가, 인공수분 등에 사용되는데, 호르몬제 과다사용으로 어떤 피해가 발생할지는 전문가들조차도 모르는 실정이다.

다행히 살충제 파동 이후 소비자들은 기업축산 방식 대신 동물복지, 항생제 투여 금지, 호르몬제 투여 금지, Non-GMO(유전자 조작 성분이 들어가지 않은) 곡물사료 사용 등의 원칙을 고수하는 식품을 선호하고 있다.

우리가 농촌으로 가는 이유는 무엇보다 건강을 지키고자 하는 것이다. 누구나 알고 있는 것처럼 건강은 올바른 먹을거리에서 시작한다. <동의보감>에서도 '식약동원(食藥同原), 음식과 약은 그 근원이 같다'라고 했다. 건강한 음식은 건강한 재료에서 비롯된다. 땅과 흙, 물과 기타 자연환경이 오염되지 않은 상태에서 자란 동식물이야말로 인간에게도 건강을 주는 것이다. 다른 건 몰라도 농촌에서는 최소한 건강한 먹을거리만은 제대로 찾아 먹을 수 있을 것이다. 그것이 귀농귀촌을 통해 얻는 크나큰 즐거움 가운데 하나이다.

3장

마침내 귀농귀촌 실행하기

익명의 공간에서 공동체 속으로

　귀농귀촌을 한다는 것은 도시를 떠나 농촌, 어촌, 산촌 지역으로 가는 것이다. 그리고 그 곳은 선주민들이 대를 이어 오랜 기간 살아 온 곳이다. 그러니 도시 이주민들은 농촌 마을을 이해하고 그들과 자연스럽게 어울리는 과정을 거쳐야 한다. 선주민과 이주민 사이에 갈등이 생기면 이주민도 힘들지만 선주민들도 많은 상처를 입는다. 현재 귀농 인구는 연 1만여 가구에 이르고 귀촌 인구는 수십만 명이 넘는다. 이들 모두의 공통적 바람은 '자연 속에서 건강하게 생활'하는 것인데, 지역 주민들과 갈등을 겪게 되면 그런 바람들도 물거품이 되고 만다.

　사실 도시와 농촌에서 바라보는 '마을'은 사뭇 다르다. 도시 사람들은 각각의 가정이 고립된 채 살아가기 때문에 '마을'이라는 단어가 생소하다. 세계적으로 유명한 동물학자이자 <인간동물원>의 저자인 데스몬드 모리스(Desmond Morris)가 말하길 '음침한 도시 뒷골목의 그래피티가 의미하는 것이 무엇인지 도시 개발자들은 유의할 필요가 있다. 그것은 우리가 아무리 많은 콘크리트를 쏟아 부어도 도시에서는 마을이 만들어지지 않는다는 것이다.'라고 했다. 그가 말한 '도시 뒷골목의 낙서'는 도시라는 공동체 사회에는 늘 소외된 사람들이 있다는 증거이다. 도시는 대체로 공동체에 어울리는 곳이 아니다. 도시는 정서적인 인간관계보다 사무적인 인간관계, 생활 편의를 우선시하는 사회이다. 인간관계가 소원해지면 함께 사는 공동체보다 개인이 앞서기 마련이다.

농촌 마을은 도시와는 다르다. 농촌 마을의 뒷골목에는 도시 뒷골목에서 보는 낙서 따위는 없다. 도시는 익명성이 강한 곳이지만 농촌 마을은 오래 지속된 관계 속에서 유지되는 대면성의 공간이기 때문이다. 그러니 도시에서는 내가 뒷골목 담벼락에 낙서를 해도 누구 하나 관심이 없지만 농촌 마을에서는 사람들이 나를 유심히 들여다본다. 감시가 아닌 관심인 것이다. 그러니 우리가 농촌으로 간다는 것은 익명의 공간에서 대면의 공간으로 가는 것임을 명심해야 한다.

농촌 마을은 우연한 기회에 자연적으로 형성된다. 국가나 행정관청이 주도하고 계획해서 만들어지는 도시와는 다르다. 농촌의 마을은 우연한 기회에 그 자리를 선택하여 형성되고, 함께 모여 살던 사람들이 스스로 일군 삶의 터전이다. 누구랄 것 없이 함께 우물을 파고, 골목골목 길을 내고, 아이들을 가르치는 서당을 세우고, 노인들이 쉴 곳을 만들었다. 그 모든 일을 함께 했다.

당연히 마을 지도자도 주민들 손으로 직접 뽑았다. 마을 사람들이 지켜야 할 최소한의 규약을 만든 것도 마을 주민들이다. 우리가 아는 향약(鄕約)●은 마을 주민들 사이에 맺은 일종의 사회적 계약이고 법률이었다. 요즘도 농촌 마을에서는 섣달이 되면 마을 대동계 잔치를 여는데 바로 향약의 계승이다. 그러니 농촌 마을은 그 자체로 오랫동안 유지되어 온 일종의 자치독립공화국이라 할 수 있다.

....

● 향약(鄕約)은 말 그대로 향촌 사회의 약속이다. 동계(洞契), 동규(洞規), 촌약(村約)으로도 불린다. 조선 중기 이후, 이황, 이이 등이 주장했고, 중국 문헌인 <여씨향약(呂氏鄕約)> 등의 강령을 참조했다. 향약의 기본 취지는 상호부조와 공동체 내부 단속에 있었다.

그 말이 실감나는 것이 바로 농촌 어느 마을에나 존재하는 이장● 직책이다.

물론 도시에도 해당 구역에 주민센터가 있고 그 책임자인 동장이 있고 반장이 있다. 그런데 누구도 동장이나 반장의 권력이 대단한 것이라고 여기지 않는다. 도시에서는 동장이든, 구청장이든, 혹은 시장이든 그가 시민의 공복이지 권력자라고 생각하지는 않는다. 그런데 농촌의 이장은 좀 다르다. 이유는 의외로 단순하다. 마을 이장은 마을 주민들이 직접 뽑는다. 국가나 지자체 권력이 끼어들지 못한다. 물론 요즘은 지자체장이 임명하는 형식적인 절차가 있기는 하다.

반면 도시에서 동장이나 반장은 주민들이 뽑는 직접 선출직이 아니라 임명직이다. 그러니 현실적으로 농촌에서는 면장이나 군수, 도지사라 할지라도 작은 마을 한 명의 이장이라도 함부로 대할 수 없다. 주민들이 스스로 뽑은 이장은 그만큼 실질적인 마을 지도자이며 대표자이기 때문이다. 마을 사람들에게 가장 중요한 사람은 멀리 있는 면장이나 군수, 도지사가 아니라 바로 자기 마을 이장이다. 이장의 봉사에 대한 사례금도 일부는 주민들이 손수 부담한다. 예전에는 1년에 한번 보리쌀이나 콩을 추렴해서 지급했다고 한다. 지금도 마을 이장에게 주는 보수는 급여보다 사례금 명목에 가깝다.

도시 이주민이 농촌 선주민과 잘 어울려 살기 위해서는 마을을

● 이장(里長)은 현행 법률에 마을 대표, 민방위대장, 행정 보조 역할을 하는 자로 규정되어 있다. 매월 지급되는 보수는 지역마다 차이가 있지만 대략 30만 원 정도다. 보수로만 본다면 마을 대소사를 관장하는 이장은 그야말로 봉사직이다. 이장은 저소득층 수혜자 파악, 의료보험 피보험자 자격 확인, 보험료 징수 업무 지원, 행정 시책 문자메시지 발송, 지역개발사업 추진 협조 지원, 마을 주변 정리(마을 처오 감독, 불법 광고물 제거, 건축 폐기물 정리, 마을 하수로 정비 등) 같은 일을 한다. 도시 출신 외지인이 마을에 들어가면 가장 먼저 만나야 하는 사람도 다름 아니라 이장이다. 어쨌든 누군가 귀농귀촌해서 마을 이장이 되고 싶다면 상당한 결심이 필요할 것이다.

충분히 이해하려는 노력이 필요하다. 그래야 마을 사람들도 이해할 수 있으며 이해를 통하여 어울려 사는 것이 가능해질 것이다. 귀농귀촌 초기에 농촌의 선주민들과 갈등 없이 지낸다면 그 곳에서 잘 정착할 가능성이 아주 높아진다. 천천히 시간을 내 편으로 만든다면 어느 순간에 마을에서 편안하고 허물없이 지내는 자신을 발견할 것이다. 귀농귀촌 절반의 성공이 거기에 있다.

3장 마침내 귀농귀촌 실행하기

도시가 준 선물

2018년 한국농촌경제연구원 귀농귀촌 실태조사에 따르면 다행히 농촌 주민들은 일부 부정적 시각도 있지만 대부분 귀농귀촌에 대해 호감을 가지고 있다. 그 이유는 무엇보다 귀농귀촌이 농촌 사회에 활력을 불어넣는다는 것이다.

농촌은 점점 인구가 감소하면서 그로 인해 농업생산성은 줄어들고 임노동 비용은 상승하고 있다. 또한 의료기관이나 교육문화 시설도 턱없이 부족한 실정이다. 이때 도시로부터의 인구 유입은 그것이 귀농이든 귀촌이든 바람직한 현상이 아닐 수 없다. 귀농은 지역 농업에 새로운 활기를 불어넣을 것이고, 귀촌으로 농촌 사회는 다양하고 풍성하게 구성되는 쪽으로 변해 갈 것이다. 귀농 못지않게 귀촌 또한 지역 사회에 기여하는 바가 크다.

귀농이나 귀촌은 모두 도시에서 비롯된다. 그리고 도시는 농촌으로 이주하는 사람들에게 다양한 기술과 뛰어난 지식, 삶의 경륜, 무엇보다 경제적 부를 안겨준 곳이다. 말하자면 도시에서 농촌으로 이주하는 사람은 농촌이 갖고 있지 않은 여러 가지 선물을 안고 간다. 그것은 미용 기술일 수도 있고, 상품을 포장하고 판매하는 기술일 수도 있고, 드론을 조종하는 기술일 수도 있고, 문화상품을 디자인하는 기술일 수도 있고, 두둑한 지갑일 수도 있다. 그리고 이런 기술 혹은 재능은 농촌 지역에서 아주 요긴하다.

도시에서 농촌으로 이주하는 사람이 농촌 지역에서 생활하는 방식은 세 가지 유형으로 나누어진다. 하나는 지역사회에서 아무 역할도 하지 않는 것이다. 몸은 옮겼지만 지역 주민들과 교류하지 않고 여전히 도시인의 삶을 사는 것이다. 또 하나는 지역 주민들과 잘 어울려 사는 것이다. 농촌 생활에 푹 빠져 도시를 잊고 농촌 생활에 몰두한다. 나머지 하나는 지역과 잘 어울려 지내면서 동시에 도시에 있는 지인들과도 여전히 잘 지내는 것이다.

아마도 농촌 주민이라면 세 번째 유형을 가장 좋아할 것이다. 이 사람이야말로 실제로 지역 사회에 도움을 줄 수 있기 때문이다. 그들은 농촌과 도시에서 맺은 인연을 통해, 서로에게 이익이 되는 일을 도모할 수 있다. 예를 들면 지역 농민은 그를 통해 도시 소비자에게 직접 감자를 팔 수 있고 절임 배추 주문을 받을 수도 있다. 또한 도시 사람에게는 신선하고 믿을 수 있는 먹거리를 제공할 수 있다. 이를 '도시인이 농촌 사회에서 혁신적인 자원으로 기능'한다고 말한다. 우리는 어떤 필요에 의해서 도시를 떠나 농촌으로 이주한다. 그런 만큼 농촌 지역 사회에서 자신도 농촌 주민들의 필요에 보탬이 될 수 있는 역할을 고민해야 한다. 농촌에 농사짓는 사람만 필요한 것이 아니다.

도시는 도시 대로 농촌은 농촌 대로 고유한 가치와 역할이 있다. 마찬가지로 도시인은 도시인 대로 농촌 주민은 농촌 주민 대로 또한 고유한 가치와 역할을 가진다. 이 때 귀농귀촌으로 도시 자원이 농촌 자원 속으로 옮겨 가는 것이다.

과거 농촌을 떠나 도시로 가던 이농향도(離農向都) 시대에는 농촌의 인적, 물적 자원이 도시로 옮겨갔다. 세상이 변해서 지금은 도시에서 농촌으로 이주하는 이도향농(離都向農)의 시대다. 도시 자원이 농촌으로 옮겨가는 것이다. 사실 도시인이 가진 자원은 예사 자원이 아니다. 그들은 도시에서 고등 교육을 받았거나 숙련된 전문가이며 동시에 새로운 문화를 흡수하는 감수성 예민한 사람들이다. 무엇보다 그들은 농촌 주민들보다 광범위한 인간 관계를 맺고 살았던 사람들이다. 그리고 지금 농촌은 이러한 자원이 절실히 필요하다.

도시 출신 이주민들은 농촌에서 매우 중요하고 혁신적인 역할을 할 수 있다. 그것은 바로 도시가 우리에게 준 선물이다. 그리고 우리가 가지고 가는 선물보따리는 농촌에서 매우 귀한 대접을 받을 것이다.

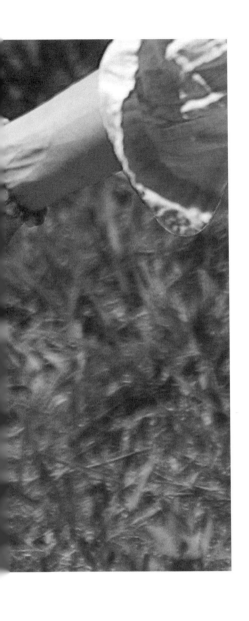

도시에서 농촌으로 갈 때,
농촌과 도시에서 맺은
인연을 통해
서로에게 이익이 되는 일을
도모할 수 있다.
어떤 필요에 의해
도시를 떠나
농촌으로 이주했으니,
자신도
농촌에 보탬이 될 수 있는
역할을 고민해야 한다.

3장 마침내 귀농귀촌 실행하기

뭉치든 흩어지든 마을 속으로!

친구 따라 강남 간다는 말이 있다. 귀농귀촌을 할 때도 예외가 아니다. 어떤 곳인지 잘 모르지만 친구가 가자고 하니까 일단 따라 나서는 것이다. 좋게 보면 친구에 대한 신뢰와 우정 때문이겠지만 거기에는 분명 위험부담이 있다. 실제로 귀농귀촌 교육생 중에는 귀농한 친구 집에 다녀와서 곧바로 수강 신청을 하는 사람도 있다.

대부분의 사람들은 귀농이든 귀촌이든 친구와 함께 하는 것을 선호한다. 혼자서 결정하는 것보다 실행할 가능성이 훨씬 커질 뿐만 아니라 여럿이 함께 하면 위험 부담도 그만큼 줄일 수 있기 때문이다. 사람은 크든 작든 어떤 공동체에 소속되고 무엇이든 함께 하면 안정감을 느낀다. 그래서인지 요즘은 도시에서도 마을공동체라는 말을 많이 쓴다. 삭막하게만 여겨지는 도시에서도 함께 하면 좋다는 의식이 싹트고 있는 것이다.

최근에 도시에서는 마을만들기, 도시재생사업 같은 이름으로 여러 사업을 시도하고 있다. 핵심은 사회 속에서 보다 성숙한 인간관계를 회복하자는 것이다.* 도시 주민들은 인간관계가 파편화되고 각자 저 살기 바쁜 사회에 맞서, 보다 인간적이고 배려하는 사회적 관계를 만들고 싶은 바람으로 공동체가 주는 생기와 활력을 찾는 것이다. 그렇게 보면 몇몇 가구가 모여서 농촌 이주를 모색하는 것이 당연해 보이기도 한다.

이 때 반드시 짚고 넘어가야 할 것이 있다. 농촌은 다시 만들거나 재생할 필요가 없는 이미 마을 그 자체이다. 물론 현재 우리 농촌은 고령화된 노인 인구가 현저히 높아졌지만 그렇다고 농촌이라는 사회의 작동 방식이 예전과 달라진 것은 아니다.

귀농귀촌이란 결국 도시 주민이 농촌 주민들 속으로 들어가는 것이다. 한 가구, 혹은 몇몇 가구가 모이거나 대규모 주택단지처럼 수십 수백 가구가 일시에 들어갈 수도 있다. 어떤 형태로든 마을 속에 들어가서 정착한다면 귀농귀촌이 되는 것이다.

그러나 농촌 마을로 들어갈 수 없다면 그것은 귀농귀촌이 아니라 농촌에 또 하나의 도시를 만드는 것이다. 최근 농촌에는 이런 형태의 신도시가 매우 많이 생겼다. 선주민들과 어울려 살지 않는 신도시는 농촌 안에 떠 있는 고립된 섬일 뿐이다.**

그렇기 때문에 지역 마을이 아닌 한 곳에 일정하게 구획된 단지를 조성하여 여러 가구가 무리지어 이주하는 것은 바람직하지 않다. 전원주택단지 분양이 이런 사례이다. 이 곳에 무리지어 사는 사람들은 거주지만 농촌으로 옮겼을 뿐이지 도시에서와 거의 비슷한 생활을 유지할 가능성이 높다. 특별한 경우가 아니라면 전원주택단지 분

● 마을 만들기, 도시재생사업은 그동안 신도시 위주로 도시를 확장한 것에 대한 반작용으로 도심이 공동화하는 현상을 극복하고자 하는 것이다. 현 정부는 출범과 동시에 도시재생을 국정 과제로 삼고 이른바 <도시재생뉴딜사업>을 시행하고 있다. 정부는 전국의 도시에 5년간 50조원을 투입하는 <도시재생뉴딜사업>으로 도시에 새로운 활력을 불어넣고자 한다.

●● '선주민'이라는 용어는 본래부터 그 마을에 살고 있는 주민들을 가리킨다. 반면에 선주민들은 도시에서 농촌 마을로 들어오는 사람들을 대개는 '외지인'으로 부른다. 귀농귀촌의 성공은 지역 선주민과 도시 출신 외지인의 간격을 얼마나 좁힐 수 있는가에 달려 있다. 귀농귀촌교육에서는 선주민과 도시 이주민 사이에서 야기되는 갈등을 다루는 강좌가 필수 과목으로 지정되어 있다.

양과 같은 집단 이주는 마을과는 동떨어진 고립된 곳으로 들어가는 것과 같다.●

　규모가 클수록 더 문제다. 물론 한 가구냐 집단이냐의 문제는 아니다. 중요한 것은 농촌 마을 선주민들의 생활 속으로 스며들어가 자연스럽게 어울려 사느냐 하는 것이다. 집단으로 이주할 경우 그 안에서 자기네끼리 모여 살기 십상이기 때문에 경계해야 하는 것이다. 혼자 가는 것보다 둘이 낫고 둘보다 셋이 나을 수 있다. 항상 생각해야 할 것은 주민들 속으로 들어가 관계를 맺으면서 사는 것이다. 뭉치면 살고 흩어지면 죽는가, 그렇지 않다. 뭉치든 흩어지든 농촌 지역 선주민과 어울려 살아야 한다. 그것이 농촌 마을이다.

● 최근 전원주택단지 분양과 관련한 사기 사건이 빈발하고 있다. 귀농귀촌 준비 과정에서 겪을 수 있는 사기 유형 가운데 대부분이 기획부동산 사기 사건과 관련이 있다. 매우 경계할 일이다.

다른 것을 다르게 보기

　사람이 있는 곳에는 어디에나 갈등이 있다. 고부 갈등, 부부 갈등, 부모 자식 사이도 피해가지 않는다. 하물며 직장 상사, 친구, 이웃과의 갈등은 말할 것도 없다. 심지어는 스스로 갈등을 만들어내기도 한다. 내가 내 안에 있는 또 다른 나와 갈등한다. 이렇듯 갈등은 언제나 어디에나 있다. 혹시라도 갈등이 없는 세상이 있다면 그것은 이 세상이 아닐 것이다. 갈등은 피할 수 없는 것이고 동시에 불편한 것이다.

　갈등은 불안과 분노를 일으킨다. 인간관계가 파탄 나기도 하고 심신이 망가지기도 한다. 그런데 갈등은 묘하게도 풀고 나면 그렇게 시원할 수가 없다. 꼬인 것이 풀리고 나면 세상이 다시 보이고 살맛이 난다. 갈등을 일으킨 상대와 더 성숙한 관계로 발전하기도 한다. '싸우다 지치면 친구가 된다'는 말은 다 일리가 있다. 도시 이주민과 농촌 선주민 사이에서 비롯되는 이런저런 갈등도 마찬가지다.

　전문가들은 갈등이 오히려 필요하다고 말한다. 갈등이 없는 삶은 무료하고 생산적이지 않을 수 있기 때문이다. 갈등은 중립성을 가진다. 갈등 그 자체가 선하거나 악한 것이 아니다. 다만 갈등을 어떻게 관리하느냐에 따라 파국으로 가느냐 한층 더 성숙한 관계로 발전하느냐가 결정된다.

　귀농귀촌 교육에서는 도시 이주민과 농촌 선주민 사이의 갈등을 필수 과목으로 다루고 있다. 그만큼 도시 이주민과 농촌 선주민 사이의 갈등이 빈번하다는 것이다. 농림축산식품부는 '2019년 귀농귀촌 정책 주요 개선 내용'이라는 지침에서 '귀농귀촌인과 지역 사회 주민과의 융화를 촉진하기 위해 귀농귀촌인 지원을 확대한다'고 명시하고 있다. 이를 위해서 정부는 종전에 귀농귀촌인 대상으로만 실시해 온 갈등 해소 교육을 지역 주민에 대해서도 확대해서 시행한다는 방침을 세웠다.

2019년에 갈등 해소 교육 대상으로 예정된 마을만 무려 1,400여 곳에 이른다. 또한 도시민 유치 지원 사업 예산 가운데 50%를 지역민 융화 사업에 의무적으로 사용하도록 명시하고 있다. 귀농귀촌 희망자 교육에서도 교육 편성 시간을 기존 2시간에서 더 늘려 조정한다고 밝히고 있다.

도시 이주민과 농촌 선주민 사이에서 발생하는 갈등 문제가 국가적인 사업으로까지 확대되고 있는 것을 보면 그만큼 많은 갈등을 안고 있다는 것을 알 수 있다. 이러한 갈등을 풀고 조화롭게 어울려 살지 않으면 농촌 마을 활성화에 도움이 되지 않는다. 그러나 갈등은 피할 수 없지만 갈등이 없다면 발전도 없다.

갈등이 싹트는 중요한 원인은 서로의 차이를 '다른 것'으로 보지 않고 '틀린 것'으로 보는 데 있다. 다른 것은 다를 뿐이지 틀린 것이 아니다. 도시인과 농촌 주민은 사고 방식, 행동 유형, 가치관, 이념, 재산, 외모, 습관 같은 모든 면에서 다를 수밖에 없다. 백인이나 흑인의 피부색이 우리와 다르다고 그들의 피부색이 틀렸다고 말할 수 없다. 서로가 다를 뿐이다.

도시민과 농촌 선주민도 마찬가지다. 서로 간의 문화 차이, 생활 방식 차이, 가치관 차이를 틀린 것이 아닌 다른 것으로 이해할 필요가 있다. 다른 환경 속에서 살아온 결과 생각이 다르고 서로 이해할 수 없는 행동을 한다고 해도 양쪽이 모두 틀린 것은 아니다. 사물을 보는 관점이 다르고 사람을 대하는 태도가 다르고 말의 뉘앙스가 다를 뿐이다. 서로 다르다는 것을 인정하고 해법을 찾을 때 비로소 더 나은 관계, 성숙한 관계로 나아갈 수 있다.

이 때 반드시 필요한 것이 소통이다. 갈등이 막힌 것이라면 소통은 뚫린 것이다. 갈등은 관계를 소원하게 만들고 소통은 관계를 풍성하게 만든다. 사실, 소통하는 방법은 특별할 것이 없다. 그 시작은 상대의 말을 귀담아 듣는 것, 바로 경청이다.

사람이란 본래 남의 말을 듣는 데 익숙하지가 않다. 건방지거나 고집이 센 것이 아니다. 상대의 말을 듣는 것보다 자신의 말을 하는 게 익숙하고 편안하기 때문이다. 그만큼 경청은 어려운 일이다. 하지만 경청하지 못하면 상대방을 오해하고 자기 잣대로 평가하게 된다. 마을에서도 이웃의 말을 먼저 잘 들으려는 노력이 필요한 이유이다.

또 하나 중요한 것은 경청은 말만 잘 듣는 것이 아니다. 말하는 사람의 표정이나 손짓, 몸짓, 태도, 감정의 기복 등을 자세히 들여다보고 읽는 것이 포함된다. 말로는 모든 것을 다 표현할 수 없다. 학자들에 따르면 의사 전달의 70% 정도는 얼굴 표정, 태도, 대화 당시의 감정, 심지어 옷차림 등 비언어적 요소가 담당한다고 한다. 말이 하는 역할은 30%가 채 되지 않는다.

경청은 내가 상대방을 이해하는데 도움을 주고, 상대에게는 더 큰 영향을 준다. 누군가 자신의 이야기를 진지하게 들어준다는 것, 그것이 감동을 끌어내고 깊은 신뢰의 원천이 된다. 인간은 본능적으로 외로운 것을 못 견딘다. 그러니 누군가 나의 이야기를 들어준다면 그 사람에게 호감을 가질 수밖에 없다. 친구를 얻고 싶다면, 이웃

의 관심을 사고 싶다면 일단 그들이 하는 말을 진지하게 경청해야
한다.

도시민들이 가는 농촌에서도 반드시 갈등 상황이 생길 것이다. 갈
등의 연속이기도 하다. 당황스럽고 화가 나기도 하겠지만 잠시 숨을
고르고 갈등의 원인을 살피는 지혜가 필요하다. 상대와 나, 둘 다 틀
린 것이 아니고 다만 서로 다르다는 것을 인식하려고 노력해야 한
다. 이 때 중요한 것이 경청이다. 소통하는 것이다.

물론 단번에 갈등이 해결되지는 않을 것이다. 그렇다 하더라도 소
통의 의지는 갈등의 실마리를 푸는 첫 단추임이 분명하다. 갈등은
소통 앞에서 누그러질 것이고 그로써 우리는 보다 성숙한 인간관계
를 경험할 수 있을 것이다.

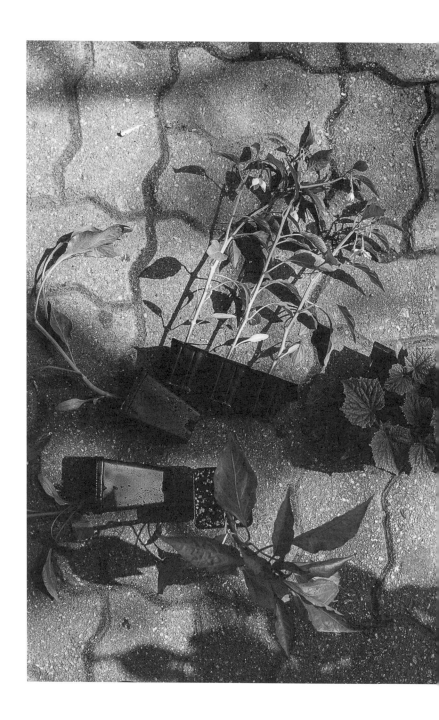

3장 마침내 귀농귀촌 실행하기

청하지 않아도 친구가 되려면

새로운 곳으로 이사를 가면 도시에서도 이웃에게 떡을 돌리는 경우가 종종 있다. 재미있는 것은 이웃이 돌린 떡은 다른 떡보다 훨씬 맛있다고 느껴진다. 그리고 떡을 받으면 떡을 돌린 이웃집에 대한 궁금증과 관심이 생긴다. 생각해 보면 떡을 받아서 기분이 좋은 게 아니라 먼저 인사를 전해 왔기 때문에 기분이 좋은 것이다. 아파트 복도에서 그 이웃과 마주친다면 아마도 다정한 인사를 나누게 될 것이다.

귀농귀촌을 하면 해당 지자체에서 이주민에게 주택 수리비나 이사비용을 지원한다. 그리고 전입신고를 마치고 거처를 마련하면 집들이 명목으로 얼마간의 돈을 주는 지자체도 있다. 지자체에 돈이 많아서가 아니다. 이웃들을 초대해서 함께 하는 시간을 가지라는 것이다. 집들이는 이를테면 이주민이 선주민에게 신고식을 하는 것이다. 마을에 새로 들어온 이주민과 선주민이 잘 화합하기를 바라는 뜻이 들어있는 것이다. 도시에서든 농촌에서든 사람이 들고날 때는, 특히 들어갈 때는 들어가는 사람이 먼저 인사하는 것이 관례였고 미덕이었다. 지금 도시에서는 그런 풍속이 많이 사라졌지만 농촌은 아직도 그런 관습을 소중히 여긴다.

귀농귀촌은 농촌이라는 새로운 정주 공간으로 들어가는 것이다. 들어가니 인사도 먼저 하는 것이 순리다. 먼저 인사하면 반드시 되받는다. 되받으니 손해라고 할 것도 없다. 빈손으로도 할 수 있는 것이 인사다. 물론 이웃들을 불러 집들이를 하거나 막걸리라도 한 병 들고 가서 인사하면 효과는 훨씬 커 질 것이다.

그런데 예의로 하는 인사를 자존심이 상하는 일로 생각하는 사람이 있다. 자존심은 타인이 나를 무시해서 생기는 감정이 아니라 스스로의 기대에 미치지 못 했을 때 부끄럽다고 느끼는 감정이다. 자존심은 타인과는 아무 관계가 없다. 진정한 의미에서 자존심이 높은 사람은 겸손할 줄 아는 사람이다. 이는 스스로에게 당당할 때 가능하다. 그러니 인사를 통해 새로운 사람들에게 다가가고 친구가 되는 것을 두려워하지 말아야 한다.

충북 괴산군 장연면 오가리라는 마을 입구에는 수령이 800년이나 된 느티나무가 마을 앞에 우뚝 서 있다. 그러니 그 마을의 역사도 800년이 넘을 것이다. 아마도 고려 왕조 말기 쯤 되겠다. 그 곳 주민들은 세대를 거듭해 오면서 기억을 전승하여 800년의 역사를 고스란히 저장하고 있을 것이다.

농촌 마을은 오랜 세월을 거치면서 형성된 지역 고유의 생활 공동체이며 그 곳 주민들은 오래 전부터 그 곳에서 살던 사람들이다. 농촌 주민들은 이웃집 숟가락이 몇 개인지도 서로 알고 지낸다. 사이가 좋았다가 나빴다가 하면서 오랜 시간을 함께 해 온 사람들이다. 그러니 이주민이 새로이 등장하면 경계의 눈빛으로 벽을 세우기도 한다. 흔히들 말하는 텃세이다. 아쉽지만 어느 농촌 마을이든 텃세가 있기 마련이다. 텃세라는 말은 이주민들이 만든 말로 어감이 부정적이다. 마을 사람들의 입장을 텃세라는 부정적인 말로 규정하는 것은 바람직하지 않다.

농촌 마을 주민들 입장에서는 청하지도 않은 외지 사람들이 마을

로 들어오는 것이다. 도시 이주민을 보는 농촌 주민들 입장은 대략
두 가지다. 그 중 하나는 반가워하는 쪽이다. 사람들이 떠나기만 하
던 마을에 다시 사람들이 들어오니 반갑다. 젊은 사람이 떠나고 고
령자만 남은 농촌의 주민 수는 계속 줄어든다. 그러니 새롭게 사람
들이 모여드는 것은 비어가는 농촌 마을에서 반가운 일이 아닐 수
없다. 더욱이 우리 농촌은 이미 국제적인 다문화사회 한복판에 있
다. 그러니 귀농귀촌을 굳이 배격하거나 반대할 이유가 없는 것이다.
　다른 하나는 불편해하는 쪽이다. 낯선 손님은 항상 불편한 법이
다. 농촌 주민들은 자기 마을에 들어온 외지인이 어떤 사람인지 알
길이 없다. 그가 어떤 인생을 살았는지, 성격은 어떤지 겪어보지 않
았기 때문이다. 그러니 빈집이 있어도 외지인에게는 내 주지 않는다.
설령 집을 비워 두더라도 사정을 모르는 사람한테는 빌려주기 싫은
것이다. 이것이 오랜 시간 한 곳에서 익숙한 사람들끼리 살아온 농
촌 사람들의 정서이다. 그래서 귀농귀촌 교육 때면 한 마을을 이해
하기 위해 최소 1~2년은 투자하라고 권한다. 그 시간은 마을 주민들
과 얼굴을 익히는 시간이고 나를 알리는 시간이다.
　농촌의 선주민 입장에서는 도시에서 농촌으로 오는 이주민이 반
갑기도 하고 불편하기도 하다. 반대로 이주민 역시 농촌이 반갑기도
하지만 이른바 텃세 때문에 의기소침할 수도 있다. 농촌 선주민과
도시 이주민의 갈등이 여기서 시작되고, 화합 또한 여기서 비롯할
것이다. 갈등의 요인은 곧 화합의 징검다리가 되는 것이다. 이제 우
리는 서로가 다르다는 것에 공감할 수 있다. 이로써 갈등은 치유와
화해의 길로 나아갈 것이다.
　2018년 한국농촌경제연구원 박대식 선임연구원팀의 '농촌 사회
통합 실태 조사'에 따르면 이주민과 선주민 사이 갈등 요인 중 가장

큰 것이 생활 양식의 차이였다. 도시민과 선주민이 서로의 생활 양식 차이를 이해하고 다름을 인정할 수 있다면 갈등은 자연스럽게 해결될 것이다. 물론 이주민이 먼저 인사하는 마음으로 손을 내밀어야 한다. 왜냐하면 그들은 청하지 않은 손님이기 때문이다.

불교 경전에 대승(大乘)의 진리를 표현하는 이런 말이 있다.

'청하지 않아도 친구가 된다.'

이주민이 먼저 손을 내밀면 선주민이 청하지 않았어도 친구가 될 수 있을 것이다.

3장 마침내 귀농귀촌 실행하기

농촌의 이방인들

지금 농촌은 다국적 사회이다. 우리 나라에 일정 기간 상주하는 외국인 노동자와 이주자들은 연간 300만 명 정도 된다. 이는 총인구 대비 2~3%에 해당하는 수치인데 우리 나라 뿐만 아니라 미국, 일본, 프랑스, 영국 등 다른 선진국들과도 비슷한 수치다. 간혹 우리 나라에 외국인 노동자와 이주자들이 너무 많다고 느끼는 사람들이 있는데, 이는 우리에게만 해당되는 것이 아니다.

현대 사회는 상품과 지식, 노동력과 문화 등 모든 것이 국가 간 경계를 자유롭게 넘나드는 다민족사회, 다문화사회이다. 우리 나라도 유사 이래 처음으로 이러한 다민족사회, 다문화사회를 경험하고 있다. 충북 괴산군에서도 외국인 노동자와 이주자들을 쉽게 볼 수 있다. 중국인 동포, 러시아나 우크라이나 출신 여성 노동자, 태국이나 캄보디아에서 온 청년, 필리핀이나 베트남 출신 며느리 등이 어울려 살고 있는 것이다. 괴산군의 이웃인 음성군에는 더 많은 외국인이 체류하고 있다. 음성에는 괴산보다 공장이나 축산 농가가 더 많기 때문이다. 음성 읍내에는 외국인 이주 노동자들이 이용하는 전용 마트도 여럿 있다. 마치 서울 영등포구 대림동이나 경기도 안산시의 중앙시장처럼 말이다.

우리나라에 일정 기간 거주하면서 산업 현장에 종사하는 외국인 이주 노동자는 취업 비자를 받은 사람들이다. 모든 비자가 그렇지만 취업 비자는 한정된 시간 동안만 거주가 허용된다. 합법적으로 비자를 받은 취업 노동자는 건설 현장, 공장, 농장, 양식장 등 산업 전반에 반드시 필요한 인력이다. 이들 외국인 노동자가 얼마나 필요한지 결정하는 것도 우리나라이다. 정부는 매년 필요한 외국인 노동자 수를 추산하여 인력 송출 계약이 체결된 나라에 보낸다. 우리나라와 인력 송출 계약을 맺은 나라도 100여 개국이 넘는다. 그런 다음 노동 인력 송출이 가능한 나라에서는 한국어 시험 등을 통과한 사람들을 선발해서 한국으로 보낸다. 즉, 외국인 노동자는 아무나 들어올 수 없고, 비자를 받지 않고 무단으로 머물 수도 없도록 되어 있다.

그런데 우리는 종종 외국인 노동자들을 불법 이주자, 불법 체류자로 인식하는 오류를 범한다. 물론 이런저런 사정으로 불법 체류자가 생기기도 하고 불법 이주자가 적발되기도 한다. 하지만 그런 경우는 아주 적은 수에 불과하다. 그런데도 외국인 이주 노동자를 왜곡되고 편협한 시각으로 바라본다면 심각한 문제가 생길 수 있다. 자칫 외국인 노동자 전체를 잠재적인 범죄자로 여길 수 있기 때문이다. 범죄자는 혐오의 대상이기에, 외국인 체류자를 혐오의 눈으로 바라보게 되는 것이다. 이는 다문화민족이 공존하는 현대사회의 일반상식에도 배치될 뿐더러 사회적 비용 면에서도 결코 바람직하지 못하다.

외국인 체류자 범위에는 결혼 이주 여성도 포함된다. 농촌 마을에서는 결혼 이주 여성들을 흔히 볼 수 있다. 베트남, 태국, 필리핀, 카자흐스탄 등 국적도 다양하다. 이들 이주 여성들은 결혼과 동시에 한국 국적을 취득하므로 엄연히 우리 국민이다. 결혼 이주 여성의 자녀들도 마찬가지다. 그럼에도 일부 사람들은 이들 다문화 가정을 비뚤어진 시각으로 바라본다. 실제로 농촌으로 이주한, 초등학생 자녀를 둔 어느 도시인 부부는 도시로 되돌아갔다. 그 곳 초등학교 학생 절반이 다문화 가정 아이들이었는데, 자신의 자녀를 다문화 가정 아이들과 함께 키우고 싶지 않다는 것이 이유였다. 안타까운 것은 그 부부의 선택이다. 도시에는 농촌보다 더 많은 다문화 가정이 있다. 그리고 오늘보다 내일 더 많은 다문화 가정 이웃이 생길 것이다. 다민족 사회, 다문화 가정을 편견과 오해 없이 바라보고 이해하지 않으면 안 된다.

도시에서는 외국인 이주자들을 외면해 버리면 그 뿐이지만 농촌은 그렇지가 않다. 농촌 사회는 도시에 비해 인간 관계가 훨씬 열려 있는 곳이며 일상적으로 그들과 마주해야 한다. 그런데 그들에 대해 편견이나 혐오감을 가진다면 그들도 이주민도 행복하지 않을 것이다. 우리 민족도 어려웠던 시절에 독일 탄광촌에서, 사우디아라비아의 뜨거운 사막에서 이주 노동자 생활을 했다는 것을 기억해야 한다. 분명 그들 모두 우리 이웃이다. 이웃을 이웃 답게 대접할 때 나 또한 이웃으로 대접 받을 수 있다. 다행스럽게 지금 농촌에서는 다문화 가정에 대한 정책적인 배려와 지원이 늘어나고 있다. 외국인 이주 농업 노동자에 대한 처우와 인권 보호 의식도 조금씩 나아지고 있다. 지금 우리 농촌은 다국적 사회이고, 농촌으로 이주한다는 것은 다국적 사회로 들어가는 것이다.

어떤 지역을 선택할까

예부터 '중매, 잘 하면 옷이 세 벌이고 잘못하면 뺨이 석대'라고 했다. 얼마 쯤 살아본 사람이라면 그것이 무엇이든 다른 사람의 문제를 해결해 준다는 것이 쉽지 않다는 것을 잘 안다. 귀농귀촌에서도 비슷하다.

교육생들 단골 질문 중에 '어느 지역으로 가면 좋을까요?'가 있다. 귀농귀촌에서 지역 선택은 매우 중요하다. 물론 가르쳐 주고 싶다. 진짜 좋은 곳이 있다면 가르쳐 주지 않을 이유가 없다. 하지만 우리로서는 그 곳이 설령 지상낙원에 버금가는 곳이라도 어느 한 지역을 콕 집어서 말해 줄 수가 없다. 개개인의 처지와 상황이 천차만별이기 때문에 그 누구도 쉽게 답해 줄 수 없다.

지역만 물어보면 그나마 다행이다. '어떤 작물이 좋을까요?' 같은 질문도 나온다. 작물 추천 또한 조심스럽기는 마찬가지다. 농작물은 한 번 잘못 선택하면 한두 해가 아니라 여러 해 곤욕을 치르기 때문이다. 지역 선택이나 작물 선택에 대한 질문도 시원한 답을 하지 못했는데 어떤 교육생은 한 술 더 뜬다. '농사는 힘이 많이 든다고 들었습니다. 좀 쉽게 일하면서 소득을 올릴 수 있는 방법은 없나요?' 교육생들은 끊임없이 묻는다.

도시에서 농촌으로 이주하는 사람들이 지역을 선택할 때 답을 찾아야 할 첫 번째 질문은 '고향으로 갈 것인가 타향으로 갈 것인가'이다. 아무래도 고향은 익숙한 곳이고 기댈 언덕이 있기 때문에 고향으로 가려는 U-type 귀농이 먼저 고려될 것이다. 하지만 실제로 조사를 해 보면 의외로 타향을 선택하는 사람들이 더 많다. 사람들은 도시의 익명성과 무관심도 싫지만 고향에서 받을 넘치는 관심도 부담스러워 한다. 그러니 낯선 타향을 제 2의 고향으로 삼는 경우가 많다. 이른바 'J-type' 귀농이다.

두 번째 질문은 '살던 도시에서 멀리 갈 것인가 가까이 갈 것인가'이다. 대개의 경우는 가까운 곳을 선호한다. 멀리 있는 것보다 가까이 있는 것을 더 익숙하고 편안하게 느끼는 것이다. 실제로 부산광역시 시민이 북상해서 경기도 파주로 이주하거나 광주광역시 시민이 반도를 횡으로 가로질러 경상북도 영덕으로 귀농하는 경우는 찾아보기 어렵다. 하지만 생계의 기반으로 농업을 선택하는 경우에는 지역 선정을 할 때 익숙하고 편안한 것, 감성적으로 움직이는 것이 전부는 아니다.

교육을 할 때 우리는 이렇게 권고한다. 만약 귀촌을 원한다면 자기가 살던 곳에서 가까운 곳으로 가도 좋지만 귀농을 생각하고 있다면● 좀 더 먼 곳으로 가야한다. 바로 농지 때문이다. 귀농을 하려면 농지를 구해야 하니 농지가 상대적으로 저렴한 곳을 선택해야 한다. 대부분의 농사는 농지 구입에 드는 비용이 수익에 큰 영향을

● 귀농은 도시에서 농촌으로 주소지를 옮기고 이주하여 반드시 그곳에서 농업경영체를 등록한 농민이 되어야 한다는 조건이 있다. 귀농은 농촌에서 농민의 자격과 권리를 가지게 되는 것을 말한다. 마찬가지로 귀어는 어촌에서 어민의 자격과 권리(이를 어업권, 조업권이라고 한다)를 가지는 것이다. 귀촌, 귀농, 귀어의 법률적 개념은 모두 2015년에 제정된 <귀농어·귀촌 활성화 및 지원에 관한 법률>에 명시되어 있다. 귀농과 귀어는 농업과 어업을 생계로, 직업으로 삼는 것이기 때문에 중앙 정부와 지자체는 보다 정교한 지원대책 등을 마련하고 있다.

주기 때문이다. 도시에서 먼 거리에 있는 지역일수록 농지 가격은 당연히 저렴할 것이다.● 작목 선택 또한 지역 선정과 밀접한 관련이 있다. 귤을 심겠다고 생각하고 강원도 평창으로 갈 수는 없다. 지역 선정은 여러 가지 변수를 고려하고 또 고려해야 한다.

이 모든 경우를 고려한다고 해도 지역 선택에 왕도는 없다. 귀농 교육 담당자에게 진지하게 물어봐도 시원한 대답을 들을 수 없다. 다만 그 동안 교육을 해 온 경험을 바탕으로 지역 선택과 관련해서 몇 가지 원칙만을 제시할 수 있을 뿐이다.

우선, 귀농 혹은 귀촌의 목적을 스스로 명확하게 인식해야 한다. 나는 왜 농촌으로 가는지 진지하게 묻고 답한 후에 후보지를 물색한다. 그런 다음 스스로 발품을 파는 것이 최선이다. 부지런히 다니고 스스로 찾아야 한다. 인터넷 검색으로 얻은 단편적이고 분산된 정보, 지인이나 친구들이 하는 말, 전원주택 분양자의 솔깃한 유혹, 방송에 나오는 억대 귀농 부자들 이야기 같은 것들은 가급적 믿지 말고 거르고 걸러서 들어야 한다.

그리고 무엇보다 시간을 충분히 갖고 찾아야 한다. 예상 후보지가 나오면 그 지역에 대해 최소 1~2년은 탐색하고 준비하는 기간으로 잡아야 한다. 어느 한 지역이나 마을을 온전히 알려면 최소 1~2년의 시간이 걸리기 때문이다. 따라서 지역을 선택할 때는 자신의 모

● 농업 생산의 일차 기반은 농지이다. 당연히 농지 가격이 높으면 수익성이 떨어진다. 통계에 따르면 귀농을 가장 많이 하는 지자체는 경상북도이고 그 다음이 전라남도이다. 경북은 산지가 많으며 고소득 작목에 유리하고 전남은 수도권에서 멀고 농지가 비교적 저렴하다. 반대로 귀촌은 경기도, 충청남도 순이다. 수도권과 가깝기 때문이다. 강원도는 귀농, 귀촌 모두 그다지 활성화되지 못하는 지역이다. 해안 인접지역은 관광지가 많아 토지 비용이 높은 편이고 내륙은 협소한 농지와 겨울 난방비 문제가 있기 때문이다.

든 연고와 정보 채널을 항시 가동하고 직접 가서 보아야 한다. 그렇게 하면 언젠가는 '바로 여기'라는 마음이 드는 마을을 찾을 수 있을 것이다.

우리가 찾아가는 그곳은 인생 후반전을 보낼 곳이자 남은 생애를 아름답게 마감해야 하는 곳이다. 메뚜기처럼 옮겨 다니던 도시에서의 삶을 더 이상 반복하고 싶지 않다면 마지막 정착지를 선택하는 일은 정말 신중하고 또 신중해야 한다. 우리는 이제 도시 유목민이 아니라 성공적인 농촌 정주민이 되어야 하기 때문이다.

3장 마침내 귀농귀촌 실행하기

어떤 작물을 선택할까

최근 귀농인들 사이에 표고버섯 재배가 유행하고 있다. 옛말에 '일능이 이표고 삼송이'라는 말이 있다. 능이버섯이 으뜸이고 표고가 버금이며, 그 다음이 송이버섯이라는 말이다. 우리는 대개 송이버섯을 으뜸으로 치는데 옛사람들이 매긴 순서를 보면 그렇지 않다. 능이버섯은 양송이나 느타리버섯, 표고버섯처럼 인공재배가 불가능하므로 값도 비쌀뿐더러 효능 또한 몸에 좋다고 알려져 있다. 어쨌든 표고버섯은 임금님 진상품 리스트에도 오른 귀중한 음식이었다. 지금도 표고버섯은 매우 뛰어난 식재료로 소비자들이 애용하는 식품이다.

표고버섯 재배가 귀농 초보자들에게 인기가 있는 이유는 재배가 용이하고 수요가 안정적이라는 것이다. 재배가 용이하다는 것은 재배 기술의 발달로 말미암아 기술 취득이 비교적 쉽고 재배에 필요한 원부자재 구입이 어렵지 않다는 뜻이다.

표고버섯은 본래 참나무 원목에 배양한 종균을 주입해서 재배했는데, 지금은 원목 재배 방식에서 진일보한 배지 재배 방식이 일반적이다. 배지 재배 방식은 종균이 투입된 배지를 구매하거나 직접 만든 뒤 일정 공간의 시설에서 재배하는 것이다.

재배 기술은 임업연구원, 산림조합, 농업기술센터 같은 공공기관이나 배지 재배 경험이 많은 개별 농가로부터 전수받을 수 있다. 특히 표고를 비롯한 버섯 재배는 일정한 온·습도 유지, 햇빛 차단, 냉방기 가동이 기본인 시설재배이므로 연중 재배가 가능하고 작업 환경 또한 열악하지 않은 편이다.

하지만 모든 일에는 양면이 있다. 표고 재배도 예외가 아니어서 장점만 있는 것이 아니라 단점도 존재한다. 단점 가운데 가장 대표적인 것은 수확할 일손 부족이다. 버섯은 특히 수확 시점에 소득이 결정된다. 다른 작물과 달리 버섯 종류는 수확 시점에서 몇 시간만 늦어져도 품질이 확연하게 떨어지는 작물이다. 그러니 제 때 수확하는 것이 그 어느 작물보다 중요하다. 한창 수확할 시기에는 밤낮 구분 없이 3~4시간 간격으로 버섯을 따야한다.

표고 재배의 또 다른 어려움 가운데 하나는 판매처 확보에 있다. 재배가 용이하고 소비자 수요가 안정적이라는 말은 곧 공급자가 많아진다는 것을 의미한다. 표고버섯 생산자는 늘 경쟁 상대인 공급자 과잉이라는 장애 앞에 서 있는 셈이다. 게다가 버섯은 생산 즉시 판매하지 않으면 상품성이 현저히 떨어지는 속성이 있다. 이렇듯 표고 재배는 여름철 서늘한 곳에서 작업한다는 이점도 있지만 수확 시기에는 눈도 붙일 수 없는 고단한 작업이라는 것도 고려해야 한다.

귀농을 할 때 작목 선택은 무엇보다 중요하다. 그렇다고 특별한 선택 기준이 있는 것은 아니다. 다만 명심할 것은 특정 작물이 저절로 돈을 벌어 주지는 않는다는 사실이다. 작목 선택 과정에서 빈번히 발생하는 사기 사건도 조심해야 한다. 작목 선택 시 주의해야 할 점은 대략 아래와 같다.

먼저, 작목을 고려할 때는 경험해 보는 것이 가장 중요하다. 어느 작목이든 사전에 직접 해 보는 것이 중요하다. 예컨대 과수라면 사과든 복숭아든 블루베리든 원하는 작물을 직접 재배해 보는 것이 우선이다. 양봉 역시 벌침을 미사일처럼 달고 다니는 꿀벌과 친해질 수 있는지 직접 체험해 보아야 한다.

보고 배우는 것과 직접 해보는 것은 차원이 다르다. 직접 해보는 것보다 더 나은 방법은 없다. 블루베리 나무를 키우는 재미는 제법 쏠쏠하지만 그 열매를 수확할 때 한 알 한 알 따는 것은 적성에 맞지 않을 수도 있다. 블루베리 재배가 내 적성에 맞는지를 알 수 있는 방법은 직접 해보는 것 외에는 달리 방도가 없다. 직접 해보면 그 일을 감당할 수 있을지, 재미가 붙고 신이 날지 알 수 있다.

다음으로는 노동력 투입에 대해서 자세히 연구할 필요가 있다. 예컨대 싱싱한 계란을 생산하는 양계를 원한다면 1년 365일 축사 곁을 지킬 수 있는지를 판단해야 한다. 1인 노동으로 가능한지, 부부 두 사람의 노동으로 가능한지, 남의 손을 빌려야 하는 경우는 없는지를 판단해야 한다.

대개의 경우 귀농 초보자들은 작목에 대해서 많은 연구도 하고 정보도 얻지만 정작 자신의 노동 역량에 대해서는 자세히 살피지 않는다. 예컨대 표고버섯의 상업적 가치만 보고 자신과 자신이 동원할 수 있는 노동력의 규모를 보지 못하면 실패할 수밖에 없다.

그리고 작목을 선택할 때는 그 작목의 이점만 보지 말고 단점도 함께 고려해야 한다. 재배가 용이한 작물은 판매에 어려움을 겪을 수 있고 희소한 가치가 있는 특수작물은 재배 기술을 터득하느라 많은 시간을 낭비할 수 있다.

작목을 선택할 때는 판매처 확보도 중요한 기준이 된다. 경북 의성은 마늘이 유명하고 충북 괴산은 옥수수가 유명하고 충남 금산은 대파 산지로 이름이 나있는데, 이들 지역으로 귀농한 사람들은 그 지역 작목을 선택하는 것도 하나의 방법이다. 실제로 충남 금산의 경우 지역 농업기술센터에서는 귀농 초기 농민들에게 대파 재배를 적극 권고하고 있다. 한 가지 작목을 잘 재배하면 모든 작물에 자신이 생기는 법이다. 이 방법은 이웃이 하는 것을 그대로 따라 해보는 것이다. 그리고 동일 작물을 재배하는 농민들은 스스로 작목반을 구성하는데, 그런 작목반에 소속되면 농사에 필요한 원자재 구매에서부터 생산물 판매에 이르는 전 과정을 함께 하면서 배울 수 있다.

3장 마침내 귀농귀촌 실행하기

부부가 함께 귀농하세요

귀농귀촌 교육생을 모집할 때는 연령비, 성비 등을 고려하여 선발하는데, 어느 한 쪽으로 치우치지 않도록 하기 위함이다. 다만 청년, 소외계층, 그리고 부부가 함께 신청하는 경우는 수강료도 할인하고 우선 선발하는 특혜를 제공하는데 거기에는 나름대로 이유가 있다.

청년 인구가 줄어들고 있는 농촌에서 청년 귀농은 마을에 활력을 줄 것이다. 기초생활수급자와 같은 사회적 약자 또한 귀농이나 귀촌을 통하여 새로운 삶을 시작하는 기회를 얻을 수 있어야 한다.

그리고 특별히 부부 동반 수강생을 우대하는 이유는 부부가 함께 이주하면 귀농에 성공할 확률이 높아진다는 통계 때문이다. 즉, 귀농이나 귀촌의 성공 확률이 높아진다는 것이다. 그런데 일반적으로 아내들은 귀농귀촌을 원하지 않는데 남편들은 농촌으로 가는 것을 어렵게 생각하지 않을 뿐만 아니라 애써 가고 싶어한다. 왜 그럴까?

도시의 삶에 익숙한 사람들이 다시 농촌으로 간다는 것은 쉬운 일이 아니다. 특히 여성들의 경우에는 더욱 그렇다. 농촌으로 간다는 것은 도시가 주는 편리함을 포기하고 불편을 감수해야 한다는 뜻이다. 더욱이 농촌은 완고한 전통이 여전하며 사생활이 유지되기 어렵고, 여성의 손을 필요로 하는 일이 많다. 여성의 입장에서는 아이가 태어나서 자랄 때까지 도시에서 닦아 놓은 인간 관계를 뒤로하고 새로운 관계 속으로 들어간다는 것이 쉽지 않다.

농촌 이주를 고려할 때 일반적으로 남편은 원하고 아내는 반대한다. 이럴 경우에 남편 혼자 교육을 받는 것보다 부부가 함께 교육을 받으면 귀농이나 귀촌을 실행에 옮길 확률이 높아지고 위험부담도 줄어든다.

최근 통계를 보면 함께 농촌으로 이주하는 부부가 늘어나고 있다. 여성 가구주 비중도 증가하고 있으며 남편보다 아내가 적극적인 경우도 더러 있다. 농촌의 입장에서 보자면 반가운 변화이다.

부부가 함께 하는 귀농귀촌은 성공할 확률이 매우 높다. 함께 새로운 삶을 찾는다는 의미에서도 부부가 함께 이주하는 것이 바람직하다.

귀농의 새로운 아이템
- 곤충산업

농업은 대체로 보수적인 산업으로 알려져 있다. 혁신이 더디고 새로운 것을 받아들이기보다는 관행대로 일하는 태도가 강하다는 것이다. 얼핏 보면 그렇게 평가할 수도 있을 것 같다.

사실 농업에 종사하는 사람은 걱정이 많은 사람들이다. 농사라는 일 자체가 그렇다. 자연의 변덕이 큰 관심사이고 시장이나 정치 상황의 변화도 큰 걱정거리다. 날씨든 시장 상황이든 정치 상황이든 조금만 변덕을 부려도 한 해 농사가 달라질 수 있기 때문이다. 그래서 농민은 늘 변화에 민감하고 경계하는 태도가 몸에 배어 있다.

반대로 도시인은 대체로 변화와 혁신에 능하다. 새로운 지식과 기능을 습득하자면 늘 촉각을 곤두세우고 언제든 변화할 자세를 견지하고 있어야 한다. 도시는 변화에 강하고 혁신에 능한 사람들이 살아가는 곳이다. 이제 그런 도시 사람들이 농촌으로 가기 시작하면서 곤충 산업도 변화와 혁신이 일어나고 있다. 최근 새롭게 부상하는 농사 아이템 가운데 곤충 사육은 기존 농민보다는 귀농 농민에게 더 인기가 있다.

2019년 7월 농림축산식품부는 장수풍뎅이, 갈색거저리, 흰점박이꽃무지 등 곤충 14종을 가축에 포함시킨다고 발표했다. 이제 곤충은 '벌레'가 아니라 축산

법에 근거하여 당당히 '가축으로 정하는 기타 동물'에 포함된 것이다.

축산법에 따라 가축이 된 곤충을 사육하는 농가는 축산 농가로, 곤충 사육 시설은 축산 시설로 규정되어 제도적 지원과 혜택을 누릴 수 있게 된다. 예컨대 축산 시설로 규정되면 취득세와 지방교육세 50% 감면, 농어촌특별세 감면 등을 받을 수 있다. 또한 임야 등의 산지에 곤충 사육 시설을 설치할 경우 전용할 수 있는 면적을 넓힐 수 있다. 이제 곤충 사육도 축산업으로 어엿하게 자리를 잡은 것이다.

곤충 사육의 이점은 소규모 시설에서 사육이 가능하다는 점, 일반 가축 사육이나 작물 재배에 비해 상대적으로 노동력이 적게 든다는 점, 요리나 체험학습 등과의 연계가 가능하다는 점, 신사업 분야이므로 향후 성장세가 지속되라는 점 등이다.

곤충은 단백질 공급원으로 훌륭한 식량 자원이 될 수 있다. 곤충 산업은 소, 돼지, 양 같은 가축 사육에 비해 환경적으로도 많은 이점이 있다. 탄소 에너지를 덜 쓰고도 양질의 영양분을 제공하기 때문이다. 사육하는 방법 또한 그다지 복잡하지 않다.

하지만 단점도 존재한다. 여느 신규 사업과 마찬가지로 소비 시장 형성에 시간이 걸린다는 점이다. 곤충에 대한 소비자의 인식 변화가 이루어져야 비로소 소비가 이루어질 수 있기 때문이다. 더욱이 전례가 거의 없기 때문에 주변에서 사육 관련 지식과 정보를 얻기가 매우 어렵다.

그럼에도 불구하고 곤충사육은 변화에 능동적인 도시 출신 농민들이 선호할 만한 농업 아이템이다. 현재 곤충 사육 농가는 지속적으로 증가하고 있고 그 대부분은 귀농 농가들이 차지하고 있다.

농업 분야도 다른 산업과 마찬가지로 혁신이 끊이지 않는다. 혁신은 종자, 농기계, 병충해, 그리고 재배 방식에 이르기까지 농업 전반에서 이루어졌다. 처음에 손으로 흙을 파던 농부는 호미, 가래 등을 거쳐 지금은 트랙터로 밭을 갈듯이 말이다. 곤충산업의 개화에서 보듯이 앞으로도 농업 부문의 혁신은 다양한 방식으로 계속될 것이다. 그리고 중요한 것은 바로 그 혁신의 대열에 귀농인, 귀촌인도 함께 할 것이라는 사실이다.

3장 마침내 귀농귀촌 실행하기

흙, 작물의 아버지

작물 재배에 필요한 기본 요소는 땅, 작물, 인간이다. 그 가운데에서도 땅은 만물이 생육하는 기반이다. 그러니 농업에서 땅, 곧 흙은 모든 것에 우선한다.

그런데 정작 농사 지을 생각은 하면서 땅에 대해 공부할 생각은 하지 않는다. 귀농을 준비할 때도 땅보다는 땅값에 관심이 많고, 그 땅이 작물의 생육에 좋은 땅인지는 별 관심이 없다. 흙의 상태보다 작물의 수익성, 영농 기술에 더 신경을 많이 쓰는 것을 보면 안타깝다. 근본보다 지엽적인 것에 더 많은 시간과 노력을 허비하고 있는 것이다.

1909년 미국 농림부 토양관리국장이었던 F.H. 킹(1848~1911) 박사가 중국, 한국, 일본, 세 나라의 농업을 직접 답사했다. 책을 통해서 그는 한중일 동양 3국이 4천 년이 훨씬 넘도록 농사를 지었는데도 흙이 훼손되지 않고 유지되어 온 것에 경탄했다. 동양 3국의 농부들이 땅을 관리하는 방법을 너무나 잘 알고 있었던 것이다. 미국의 킹 박사가 감탄한 것은 전통적 유기농법으로 관리된 땅, 흙이었다.

농촌에 가면 흔히 듣는 말이 관행농법, 유기농법이라는 말이다. 관행농법은 작물을 재배할 때 제초제, 화학비료, 화학농약, 인공호르몬제재, 착색제 같은 것을 이용하는 농법을 말한다. 반면 유기농법은 이러한 화학적 유해물을 이용하지 않고 유기물 투입으로 작물을 재배하는 방식을 말한다.

지속가능한 농업의 핵심은 토양에 유기 부식물을 지속적으로 공급하는 것이다. 우리나라 최초의 농서인 <농사직설(農事直說)>에 '작물을 수확한 뒤에 땅을 갈고 거름을 넣는다'라는 말이 있다. 중국 고농서 <제민요술(齊民要術)>에도 '무릇 농경의 근본은 때를 맞추고 흙을 부드럽게 하고 거름으로 땅을 걸게 하는 데 힘쓰는 것이다.'라는 말이 나온다. 농경의 기본은 가을에 땅을 갈고 거름을 주고 이듬해 봄에 파종하는 것이다. 이 때 거름은 사람과 가축의 대소변, 음식물 쓰레기, 볏짚이나 나뭇잎 같은 각종 식물의 부산물을 삭힌 것이다.

경작지에 작물을 심으면 작물은 그 흙에서 각종 영양분과 수분, 신진대사에 필요한 천연 원소 등을 얻는다. 그러니 흙에서 얻은 것이 있으면 반드시 보상을 해야 한다. 좋은 것을 얻으려면 좋은 것을 주는 것이다. <제민요술>, <농사직설>에서 말하고 있는 것이 바로 유기농업이다. 쉽게 말하면 유기농업은 땅에서 얻은 것에 대해 거름이라는 유기물로 보상하는 것이다. 그런데 근현대의 무기농업, 화학농업, 관행농업은 유기물 대신 화학물질로 땅을 착취하는 방식이다. 지금 우리나라 농지도 대부분 마찬가지다. 이렇게 지력을 손상시키는 방식으로 농사를 짓는다면 농사를 짓는 것 자체가 지속가능하지 않다. 귀농을 하여 농사를 짓고자 한다면 가장 먼저 흙에 대해 공부하고 흙이 건강해야 한다는 인식을 가져야 한다. 그런 다음에는 어떤 작물을 선택하든지 잘 키워낼 수 있다.

작물을 선택하고 농지를 조성할 때 가장 먼저 할 일은 경작지 흙의 상태를 분석하는 것이다. 이것은 땅의 현재 상태를 알아보는 과정이다. 토양 성분 분석은 과정이 어렵지 않고 비용도 들지 않는다. 먼저 경작지 흙을 채취하는데 임의로 몇 군데를 정하고 10cm 깊이에 있는 흙을 파낸 뒤 고루 섞어준다. 그런 다음 해당 지역 농업기술센터에 보내면 된다. 그리고 대략 한 주일이면 흙의 영양상태, PH상태, 물리적 성질 등을 분석한 데이터와 그 땅에 필요한 시비 처방전이 함께 나온다. 비용은 없다.

그런 다음 토양 성분 분석 데이터를 근거로 자기 경작지의 현재 영양 상태를 확인하고 재배하려는 작물에 맞게 어떤 영양분을 넣을지, 땅 속 유기물을 어느 정도 보충할지, 주변에 배수로를 더 확보해야 할지, 해당 작물에 적절한 PH상태를 어느 수치로 맞출지 같은 것들을 결정한다. 어떤 작물을 선택하든 그 작물에 맞는 흙의 상태를 먼저 조성해 놓으면 그때부터 작물은 흙이 키운다.

작물을 재배하기 전에 흙을 먼저 생각하는 농부를 상질의 농부라고 한다. 그러니 농부가 되려면 작물 선택이나 영농기술 습득 이전에 흙에 대해 먼저 공부해야 한다. 다행히 지금은 흙에 대한 연구도 많이 진전되어 있다. 흙에 대해서 심도 깊게 공부하는 것은 귀농과 영농을 성공의 길로 이끌어 줄 것이다.

3장 마침내 귀농귀촌 실행하기

3장 마침내 귀농귀촌 실행하기

마치는 글
– 과연 성공이란 무엇일까

'2018년 귀농귀촌실태조사' 만족도조사에서 귀농 가구는 60.5%가, 귀촌 가구는 63.8%가 만족한다고 응답했다. 최근의 다른 조사에서는 도시에서 농촌으로 이주했다가 다시 도시로 돌아오는 이른바 역 귀농 현상이 많이 줄어든 것으로 보고되었다. 또 다른 자료인 '귀농귀촌 가구 장기추적조사'에서 보고된 역 귀농 가구는 전체 조사 대상의 8.6%에 달한다. 이 수치는 과거에 비해 상당히 양호한 것이다. 역 귀농 사태의 원인은 영농 실패, 일자리 확보의 어려움, 건강, 교육시설 미비 등의 환경적 요인이 작용한다. 어쨌든 역 귀농은 귀농에 실패했다는 것을 보여 준다. 반대로 귀농, 귀촌 가구의 농촌 정착 성공률이 높다는 것은 고무적인 일이다.

도시를 떠나 농촌으로 가는 궁극적인 목적은 성공하기 위해서, 혹은 만족하는 삶으로 인생을 살아가기 위한 것이다. 그런데 과연 성공이란 무엇일까? 누구는 그것을 통장 잔고로 가늠하기도 하고, 누구는 가슴으로 느끼는 충만한 행복감으로 가늠하기도 한다. 매년 실시하는 귀농귀촌 실태조사에서도 반드시 성공 여부를 묻는 질문을 한다. 당신은 성공했는가?

우리가 훌륭한 과학자로만 알고 있던 아인슈타인(Albert Einstein) 또한 인생에서 성공이란 과연 무엇인지 궁금했던 모양이다. 그는, 과연 성공이 무엇인가를 궁구한 끝에, 그리고 과학자답게 성공을 하나의 수학 방정식을 통해 정의했다. 아인슈타인 박사가 <옵서버 The Observer>에 발표한 인생의 성공 방정식은 'A=X+Y+Z'이다.

여기서 A는 성공(Success), X는 일하기(Work), Y는 놀기(Play), Z는 입다물기(Keeping your mouth shut)이다. 풀이하자면, 성공(A)이란 일하고 놀고 떠벌이지 않는 것의 합(X+Y+Z)이라는 말이다. 아인슈타인 박사는 성공에 세 가지 요소가 필요하다고 보았다. 일(노동, 직업), 여가(휴식, 가정, 친구 등등), 겸손(자랑하지 않는 것, 비교하지 않는 것)이 그것이다.

일은 인간 사회가 요구하는 노동 분화에서 일익을 담당하는 것이고, 여가는 사회 속에서 자신의 개성과 정체성을 유지하면서 사람들과 자유롭게 교류하는 것이고, 겸손은 자신을 사랑하듯이 타인도 배려하고 소중히 여기는 태도일 것이다. 그런데 일만 열심히 하고 여가를 갖지 않거나, 일은 제쳐두고 놀기만 하거나 일도 열심히 하고 놀기도 잘 하지만 자기 자랑을 일삼는다면 성공은 멀어진다. 다행인 것은 성공이 우리에게서 멀리 있지 않다는 것이다. 일, 휴식, 자기성찰이라는 이 세 가지 요소는 모두 우리 가까이 있다.

귀농귀촌에서도 이러한 성공 방정식은 유효하다. 자기 능력과 가용할 수 있는 시간에 맞추어 일하고, 마을 주민인 이웃과 더불어 잘 지내고, 겸손하고 성실하다면 아인슈타인 박사가 말한 성공 방정식의 결과대로 만족을 얻을 수 있을 것이다. 반대로 능력껏 일하지 않고, 주민들과 소원하고, 쓸데없는 자랑만 일삼는다면 그다지 행복하지 않을 것이다.

귀농귀촌은 익숙한 곳에서 낯선 곳으로 가는 것이라고 했다. 다시 말해 우리는 이런저런 시련과 도전이 기다리는 곳으로 가는 것이다. 그리고 그것은 자신의 삶을 송두리째 옮기는 것이며 이리저리 떠돌던 유목민의 삶에서 대지에 두 발을 딛고 뿌리를 내리는 정주민의 삶을 선택하는 것이다.

무엇보다도 귀농귀촌은 행복을 찾아가는 여정이어야 한다.

마치는 글

부록

귀농귀촌 가구 장기추적조사 – 2019
귀농귀촌 가이드

귀농귀촌 가구 장기추적조사
- 2019

귀농귀촌의 역사도 꽤 오래 되었다. 따라서 귀농귀촌 관련 통계, 조사 자료 또한 계속 축적되고 있다. 농촌진흥청은 국무총리실 산하 기구인 한국농촌경제연구원을 통해 2014년부터 2018년까지 귀농귀촌 가구 장기추적조사 결과를 발표했다. 이 자료를 통하여 귀농귀촌 가구의 보다 실질적인 정착 내용을 살펴볼 수 있다.

귀농기촌 가구의 지역사회 활동 참여도는 거주 기간에 비례한다. 조사에 따르면, 5년 이상 거주한 조사 대상자 1,039명 중 35.5%는 현재 마을 리더로 활동하고 있다. 농촌 인구가 고령화되면서 마을 이장, 사무장, 청년회장, 4H회원, 새마을지도자 등 마을 리더 자리를 맡길 사람이 점점 줄어들기 때문이다. 이와 함께 귀농귀촌 가구 구성원은 상대적으로 젊고(50세 이하가 37.95%), 학위 자격증 소유자(59.7%)가 많다. 이러한 사실은 5년 이상 농촌에 거주하면서 안정기에 접어든 귀농귀촌 가구가 지역사회에서 일정한 역할을 감당할 능력이 충분하다는 뜻이기도 하다.

귀농귀촌 동기에 대한 조사 결과도 흥미롭다. 대체로 40세 이하는 생태적 가치와 공동체를 추구하는 이른바 대안적 가치를 선호했다. 41세 이상에서는 은퇴 이후 전원의 삶을 즐기고자 하는 동기가 많았다. 생태적 가치와 공동체적 삶을 추구하는 것은 생활편의적인 도시의 삶 대신에 자연을 소중하게 생각하고 마을 공동체, 지역 공동체의 가치를 높이 평가하는 것이다. 은퇴 이후 전원에 살고자 하는 사람들은 주로 귀촌 가구에 해당하며, 생계형과 경제형은 주로 귀농 가구에 해당한다.

조사 대상자들 대부분은 귀농귀촌 준비 기간이 길었다. 또한 정부와 지자체 인증 교육 이수 시간이 155.8시간으로 조사되었다. 이는 정부가 인증하는 100시간 이상의 훌쩍 넘는 시간이다. 이렇듯 귀농귀촌 모두 사전 준비 단계를 충분히 거쳐야 한다. 그 중에서도 교육은 필수적인 과정이다. 교육을 받고 준비를 하는 과정은 위험 부담을 줄이고 목적을 명확하게 설정하는데 도움이 된다. 교육과 준비 과정은 나를 알고 다가올 위험을 사전에 대비하고 공부하는 것이다.

농지 구입에서도 매우 신중한 입장을 보였다. 조사 대상자 중 41.4%는 농사를 시작하면서 농지를 구매했고, 26.2%는 농지를 구매하지 않고 임차해서 농사를 지었다. 67.6%의 귀농귀촌 가구가 농사를 시작하기 전에 농지부터 사지는 않았다는 것이다. 농지를 구매할 때는 특히 신중해야 한다. 그리고 이들 가구 중 가족 단위 이주(부부 동반 이주 등)는 51.4%로 가족이 함께 하는 이주가 정착에 매우 유리한 것으로 나타났다.

귀농귀촌 가구들이 겪는 어려움도 적지 않았다. 주로 자금과 영농 기술 습득, 생활상의 불편, 주택이나 농지 마련 어려움 같은 것들이다. 도시에서 농촌으로 유입되는 인구가 늘어나면서 농촌의 땅값이 많이 올랐고, 영농 초기 운영 자금 마련에 어려움이 생긴다. 또한 영농 기술 습득에는 많은 시간이 필요한데 예측도 어렵고 대응도 쉽지가 않다. 이 밖에도 교통, 의료, 교육, 문화생활 같은 생활상의 불편함도 여럿 있다.

특히 귀농의 경우 겸업 가구가 증가하고 있다는 것을 발견할 수 있다. 2014년에는 영농에 전업하는 농가가 49%였는데, 2018년에는 그 비율이 35%로 낮아졌다. 전업 농가 중 일부는 농산물 가공, 농장을 활용한 체험 교육, 식당 운영 등으로 사업 영역을 확장하거나 겸업하는 사례를 보인 것이다. 반대로 귀촌 가구가 영농에 종사하는 비율도 점차 증가하고 있다. 2018년 기준으로 귀촌 가구 3분의 2가 영농에 종사하고 있다.

그리고 뚜렷한 추세 중 하나는 농촌에서 40세 이하 가구가 지속적으로 증가한다는 것이다. 이는 농촌이 젊어지고 있다는 신호이며 매운 반가운 일이다.

반면, 귀농귀촌에 실패한 가구, 역 귀농 인구는 전체 조사 대상자의 8.6%였다. 역 귀농 이유는 영농 실패, 일자리 확보의 어려움, 건강, 교육 시설 미비 등 환경적 요인이 꼽힌다.

농림축산식품부는 통계청과 별도로 매년 귀농귀촌 실태조사 결과를 발표한다. 2019년 실태조사 결과를 요약하면 다음과 같다.

먼저 귀농귀촌의 유형이다. 농촌에서 태어나 도시 생활 후 연고가 있는 농촌으로 이주하는 경향이 가장 큰 것으로 조사되었다. 이를 U턴형이라고 하는데, 귀농은 53.0%, 귀촌은 37.4%로 나타난다. 반면에 농촌에서 태어나 도시 생활 후 연고가 없는 농촌으로 이주하는 경우도 있다. 이를 J턴형이라고 한다. J턴형 귀농은 19.2%, 귀촌은 18.5%로 조사되었다. 두 경우 모두에서 보듯이 농촌에 연고자가 있거나 경험이 있는 사람이 다시 농촌으로 회귀하는 현상이 두드러짐을 알 수 있다.

● 귀농귀촌 유형

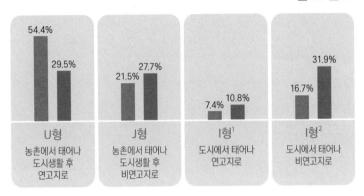

● 귀농: 54.4% U형 / 21.5% J형 / 7.4% I형¹ / 16.7% I형²
● 귀촌: 29.5% U형 / 27.7% J형 / 10.8% I형¹ / 31.9% I형²

U형 — 농촌에서 태어나 도시생활 후 연고지로
J형 — 농촌에서 태어나 도시생활 후 비연고지로
I형¹ — 도시에서 태어나 연고지로
I형² — 도시에서 태어나 비연고지로

　귀농, 귀촌의 이유로는 자연환경, 정서적 여유, 농업의 비전 등을 꼽고 있다. 귀농의 경우는 자연환경이 좋아서라고 답한 비율이 26.1%, 농업의 비전과 발전 가능성을 보고 귀농을 선택한 이유가 17.9%를 차지했으며, 귀촌의 경우는 자연환경이 좋아서라고 답한 비율이 20.4%, 가족 등과 가까이 살기 위해라고 답한 비율이 16.4%를 차지했다.

● 귀농귀촌 이유

	귀농		귀촌	
1	자연환경이 좋아서	28.6%	정서적으로 여유로운 생활을 위해	21.2%
2	농업의 비전 및 발전가능성을 보고	26.4%	자연환경이 좋아서	19.3%
3	가족 및 친지와 가까이 살기 위해	10.4%	저렴한 집값(주거비용) 때문에	13.6%
4	가업을 승계하기 위해	9.9%	가족 및 친지와 가까이 살기 위해	8.1%
5	도시생활에 회의를 느껴	8.5%	본인이나 가족의 건강상의 이유로	6.9%
6	본인이나 가족의 건강상의 이유로	7.1%	도시생활에 회의를 느껴서	6.0%

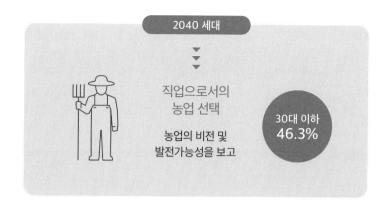

2040 세대

직업으로서의
농업 선택

농업의 비전 및
발전가능성을 보고

30대 이하
46.3%

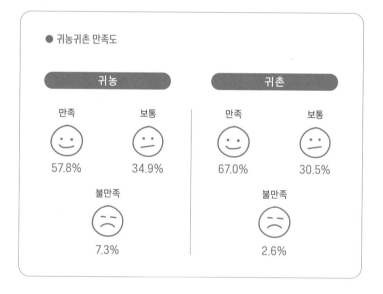

● 귀농귀촌 만족도

귀농		귀촌	
만족	보통	만족	보통
57.8%	34.9%	67.0%	30.5%
불만족		불만족	
7.3%		2.6%	

귀농, 귀촌 만족도 조사에서는 귀농귀촌 10가구 중 6가구가 귀농
귀촌 생활에 전반적으로 만족했다. 3가구는 보통, 1가구는 불만족
을 표시했다. 불만족의 이유는, 귀농의 경우는 자금 부족을, 귀촌의
경우는 영농 기술이나 경험 부족을 그 이유로 꼽았다.

가구 소득 조사에서는, 귀농 전 도시에서의 평균 가구 소득은 4,232만 원이었으나 귀농 1년차 2,319만 원에서 점차 증가해서 5년차에 3,898만 원까지 회복하는 것으로 나타났다. 귀농 5년차 평균 소득은 3,898만 원으로, 이는 우리나라 전체 농가 평균소득 3,824만 원을 넘어서는 것으로 나타났다. 귀농은 전업 귀농이 70.8%, 겸업 귀농이 29.2%로 조사되었다.

● 평균 가구소득

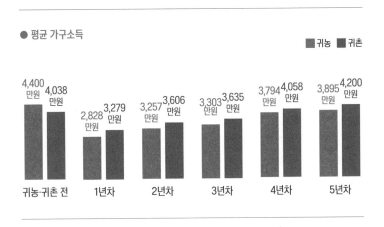

● 월 평균 생활비

귀농 교육 관련해서도 조사한 항목이 있다. 귀농 교육을 이수하면 더 높은 농업 소득을 올릴 수 있다는 조사 결과가 나왔다. 귀농 가구 중 66.7%가 귀농교육을 이수하였으며, 귀농교육이 농업소득 향상에 기여한다고 답했다. 귀농 첫 해와 5년차 농업 소득 증가폭을 비교한 결과(2012년에 귀농한 사람들을 분석한 결과이다) 귀농 교육을 이수한 사람들이 1,523만 원, 귀농 교육을 이수하지 않은 사람들이 685만 원의 소득을 올린 것으로 나타났다.

● 귀농귀촌 교육 이수 경험

또한 조사에서는 도시 이주민이 농촌에 정착할 때 일자리를 지원해야 할 필요성도 제기되었다. 특히 도시민이 귀농귀촌 이전에 획득한 전문적인 직업 경력, 다양한 기술, 자격증 등을 활용한 지역 일자리 창출, 창업 지원 등을 강화할 필요성도 제기되었다.

● 향후 귀농귀촌 교육개선 요구사항

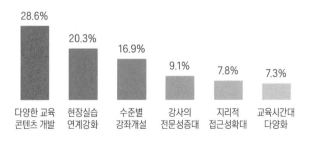

귀농귀촌 가이드

귀농귀촌 유관기관

농림축산식품부 www.mafra.go.kr
귀농귀촌 정책 및 제도 수립. 총괄 관리

농림수산식품교육문화정보원
www.returnfarm.com(귀농귀촌종합센터)
www.agriedu.net(농업교육포털)
귀농귀촌 희망자 대상 온.오프라인 교육서비스 제공
귀농귀촌 Q&A 등 다양한 콘텐츠 제공

한국어촌어항공단
www.sealife.go.kr(귀어귀촌종합센터)
귀어귀촌 관련 종합 정보 제공

한국임업진흥원 www.kofpi.or.kr
임업인 맞춤형 컨설팅 지원

농촌진흥청 www.rda.go.kr
품목별 농업기술 정보 및 지역별 농업정보 제공

농협 www.nonghyup.com
귀농귀촌 정책자금 지원 및 상담

농림수산업자 신용보증기금
www.nongshinbo.nonghyup.com
신용보증서 발급을 통한 원활한 자금 지원

농지은행 www.fbo.or.kr
농지, 농촌설물 매물 소개.
농지 시세 정보 제공. 농지 임대 등

웰촌 www.welchon.com
농촌, 산촌, 어촌 체험마을 및 체험행사 소개.
체험 및 관광지역 소개

자치법규 정보시스템 www.elis.go.kr
자치단체 조례 정보 등

귀농귀촌 박람회

중앙, 지자체 정책 및 농업과 농촌 생활 정보, 귀농귀촌 전문가 및 농식품 분야 창업
1:1 멘토링 등 현장 중심의 생생한 소식과 정보를 한 자리에서 접할 수 있다

귀농귀촌 오프라인 교육과정 (총 33개 기관, 총 67개 교육과정)

청년창업농 탐색과정(만40세 미만)
(사)전국귀농운동본부
(사)적국농업기술자협회
(주)한국식품정보원
농협대학교 산학협력
(사)경남생태귀농학교
(사)한국농식품미래연구원

청년창업농 준비과정

(사)전국귀농운동본부

(사)한국식품정보원

(재)한국지도자아카데미

농협대학교 산학협력단

연암대학교 산학협력단

전북귀농귀촌학교 영농조합법인

친환경스터디 영농조합법인

한국농업아카데미(주)

전직창업농 탐색과정(4050세대)

(사)전국농업기술자협회

(주)한국식품정보원

농협중앙회 미래농업지원센터

부산귀농운동본두

(사)경남생태귀농학교

서정대학교 산학협력단

서해영농조합법인

신라대학교

(주)임업기술한마당

(주)전략인재개발원

(주)한국정책미디어

전직창업농 준비과정

(사)전국귀농운동본부

(주)한국식품정보원

(재)한국지도자아카데미

농협경주환경농업교육원

농업회사법인 원주생명농업(주)

부산귀농운동본부

(사)한국농경문화원

산촌협동조합

서정대학교 산학협력단
연암대학교 산학협력단
전북귀농귀촌학교 영농조합법인
(주)마을디자인
(주)전략인재개발원
친환경스터디 영농조합법인
한국농업아카데미(주)
화천현장귀농학교 영농조합법인
(사)한국농경문화원

은퇴창업농 탐색과정(60대 이상)
(주)한국정책미디어

은퇴창업 준비과정
(사)한국농경문화원

귀촌 탐색과정(연령구분 없음)
(사)전국귀농운동본부
(사)경남생태귀농학교
산지협동조합
(주)영업기술한마당
(주)전략인재개발원
(주)한국정책미디어
친환경스터디 영농조합법인
한국NPD개발원
협동조합 공감21

귀촌 준비과정
(사)농촌으로 가는길
(사)전국귀농운동본부
(사)경남생태귀농학교
(사)전국농업기술자협회

(재)한국지도자아카데미
(주)자연에서 찾은 행복
흙처럼 아쉬람
사회적기업 민들레코하우징
연암대학교 산학협력단
(주)전략인재개발원
협동조합 공감21

장애인창업농 탐색과정
한국장애인농축산기술협회

청년귀농 장기교육(만 40세 미만)
화천현장귀농학교 영농조합법인
영농조합법인 수미마을
(사)흙살림연구소
(사)전국귀농운동본부
농업회사법인 (주)두호
농업회사법인 (주)다나딸기농장
전북귀농귀촌학교 영농조합법인
임실참생명 협동조합
영농조합법인 바람햇살농장
영농조합법인 빗돌배기농어촌체험휴양마을
농업회사법인 봉농원

귀농귀촌 온라인 교육과정

농업교육포털 www.agriedu.net 회원가입 후 원하는 강좌 신청
총 97개 과정. 무료 수강

귀농귀촌학교 교장선생님이 들려주는

귀농귀촌 이야기

초판 2쇄 발행 2020년 8월 15일

지은이   정우창
펴낸이   이영규
펴낸곳   자루북스
디자인   송희영
사진   나무그늘

출판등록   2013년 7월 16일 (제 2013-000080호)
서울특별시 송파구 송파대로 40길 14

ISBN 979-11-90418-16-4

값 11,000원

• 잘못된 책은 바꾸어 드립니다.
• 이 책의 무단 복제와 전체를 금합니다.

이 도서의 국립중앙도서관 출판예정도서목록(CIP)은
서지정보유통지원시스템 홈페이지(http://seoji.nl.go.kr)와
국가자료종합목록시스템(http://www.nl.go.kr/klisnet)에서
이용하실 수 있습니다.(CIP제어번호: CIP2020021267)